王伯军 ◎ 著

一个终身教育工作者
的实践和思考

读万卷书 经万件事

东方出版中心

图书在版编目（CIP）数据

读万卷书　经万件事：一个终身教育工作者的实践
和思考 / 王伯军著. –上海：东方出版中心，2022.3
　　ISBN 978-7-5473-1977-2

Ⅰ. ①读… Ⅱ. ①王… Ⅲ. ①终生教育–中国–文集
Ⅳ. ①G729.2-53

中国版本图书馆CIP数据核字（2022）第039694号

读万卷书　经万件事——一个终身教育工作者的实践和思考

著　　者　王伯军
责任编辑　王　婷
装帧设计　钟　颖

出版发行　东方出版中心有限公司
地　　址　上海市仙霞路345号
邮政编码　200336
电　　话　021-62417400
印 刷 者　上海盛通时代印刷有限公司

开　　本　710mm×1000mm　1/16
印　　张　12.5
字　　数　128千字
版　　次　2022年8月第1版
印　　次　2022年8月第1次印刷
定　　价　58.00元

目 录

分论一：家庭教育

分论二：学校教育

分论三：社会教育

总　　论

　　百年大计，教育为本。教育的本质是终身教育（终身学习），终身教育（终身学习）是指人生各个阶段都须接受相应的教育（主动学习），目的是为了适应并推动社会发展，并提升个体生命质量；终身教育（终身学习）的思想须贯穿于从婴儿到老年的各个阶段，体现于家庭教育、学校教育、社会教育中。习近平总书记在不同场合、从不同视角论述过终身教育（终身学习）以及家庭教育、学校教育（特别是思政教育）、社会教育（特别是干部教育）的重要性，这些重要论述比较集中地收录在《习近平谈治国理政》（第一、二、三卷）中。作者以学习习近平总书记关于终身教育（终身学习）重要论述的心得体会作为本书的总论。

学习学习再学习　实践实践再实践
——学习习近平总书记关于终身教育（终身学习）的重要论述

　　习近平总书记既讲过"终身教育"一词，也说过"终身学习"一词，还用过"人人皆学、处处能学、时时可学"和"学习型社会"的表述。

　　在 2013 年 9 月 25 日联合国"教育第一"全球倡议行动一周年纪念活动上，习近平发表视频贺词，高度重视"终身教育"

"全民教育""学习型社会"的建设："中国将坚定实施科教兴国战略，始终把教育摆在优先发展的战略位置，不断扩大投入，努力发展全民教育、终身教育，建设学习型社会"，"努力让13亿人民享有更好更公平的教育，获得发展自身、奉献社会、造福人民的能力"。

在2020年9月22日教育文化卫生体育领域专家代表座谈会上，习近平在谈到教育问题时，指出人力资源是构建新发展格局的重要依托，"要优化同新发展格局相适应的教育结构、学科专业结构、人才培养结构"；同时强调"终身学习"，"要完善全民终身学习推进机制，构建方式更加灵活、资源更加丰富、学习更加便捷的终身学习体系"。

在2015年5月22日致国际教育信息化大会的贺信中，以及2018年9月10日全国教育大会上，习近平强调了"人人皆学、处处能学、时时可学"和"学习型社会"的建设："因应信息技术的发展，推动教育变革和创新，构建网络化、数字化、个性化、终身化的教育体系，建设'人人皆学、处处能学、时时可学'的学习型社会，培养大批创新人才，是人类共同面临的重大课题。""要加快建成伴随每个人一生的教育，让学习成为每个人的生活习惯和生活方式，实现人人皆学、处处能学、时时可学。"

一、关于家庭教育

就人生而言，家庭教育是第一堂课，是终身教育（终身学习）的第一种教育（学习）载体（形态），这堂课的成效将影响人的终身。

1. 注重家庭

（1）中华民族历来重视家庭

习近平指出："中华民族历来重视家庭。正所谓'天下之本在家'。尊老爱幼、妻贤夫安，母慈子孝、兄友弟恭，耕读传家、勤俭持家，知书达礼、遵纪守法，家和万事兴等中华民族传统家庭美德，铭记在中国人的心灵中，融入中国人的血脉中，是支撑中华民族生生不息、薪火相传的重要精神力量，是家庭文明建设的宝贵精神财富。"

（2）家庭不可替代

习近平指出："随着我国改革开放不断深入，随着我国经济社会发展不断推进，随着我国人民生活水平不断提高，城乡家庭的结构和生活方式发生了新变化。但是，无论时代如何变化，无论经济社会如何发展，对一个社会来说，家庭的生活依托都不可替代，家庭的社会功能都不可替代，家庭的文明作用都不可替代。无论过去、现在还是将来，绝大多数人都生活在家庭之中。我们要重视家庭文明建设，努力使千千万万个家庭成为国家发展、民族进步、社会和谐的重要基点，成为人们梦想启航的地方。"

（3）家庭是社会的细胞

习近平指出："家庭是社会的细胞。家庭和睦则社会安定，家庭幸福则社会祥和，家庭文明则社会文明。历史和现实告诉我们，家庭的前途命运同国家和民族的前途命运紧密相连。我们要认识到，千家万户都好，国家才能好，民族才能好。国家富强，民族复兴，人民幸福，不是抽象的，最终要体现在千千万万个家庭都幸福美满上，体现在亿万人民生活不断改善上。"

（4）先大家后小家

习近平指出：“国家好，民族好，家庭才能好。当前，全党全国各族人民正在实现'两个一百年'奋斗目标、实现中华民族伟大复兴中国梦的新长征路上砥砺前行。只有实现中华民族伟大复兴的中国梦，家庭梦才能梦想成真。中国人历来讲求精忠报国，革命战争年代母亲教儿打东洋、妻子送郎上战场，社会主义建设时期先大家后小家、为大家舍小家，都体现着向上的家庭追求，体现着高尚的家国情怀。”

2. 注重家教

（1）家庭教育是关于如何做人的教育

习近平指出：“家庭是人生的第一个课堂，父母是孩子的第一任老师。孩子们从牙牙学语起就开始接受家教，有什么样的家教，就有什么样的人。家庭教育涉及很多方面，但最重要的是品德教育，是如何做人的教育。也就是古人说的'爱子，教之以义方'，'爱之不以道，适所以害之也'。”

（2）家长应担负起教育后代的责任

习近平指出：“青少年是家庭的未来和希望，更是国家的未来和希望。古人都知道，养不教，父之过。家长应该担负起教育后代的责任。家长特别是父母对子女的影响很大，往往可以影响一个人的一生。中国古代流传下来的孟母三迁、岳母刺字、画荻教子讲的就是这样的故事。我从小就看我妈妈给我买的小人书《岳飞传》，有十几本，其中一本就是讲'岳母刺字'，精忠报国在我脑海中留下的印象很深。作为父母和家长，应该把美好的道德观念从小就传递给孩子，引导他们有做人的气节和骨气，帮助他们形成美好心灵，促使他们健康成长，长大后成为对国家和人民有用的人。”

（3）家长要帮助孩子扣好人生的第一粒扣子

习近平指出："广大家庭都要重言传、重身教，教知识、育品德，身体力行、耳濡目染，帮助孩子扣好人生的第一粒扣子，迈好人生的第一个台阶。要在家庭中培育和践行社会主义核心价值观，引导家庭成员特别是下一代热爱党、热爱祖国、热爱人民、热爱中华民族。要积极传播中华民族传统美德，传递尊老爱幼、男女平等、夫妻和睦、勤俭持家、邻里团结的观念，倡导忠诚、责任、亲情、学习、公益的理念，推动人们在为家庭谋幸福、为他人送温暖、为社会做贡献的过程中提高精神境界、培育文明风尚。"

（4）要注重发挥妇女在家庭生活中的独特作用

习近平指出："要注重发挥妇女在弘扬中华民族家庭美德、树立良好家风方面的独特作用，这关系到家庭和睦，关系到社会和谐，关系到下一代健康成长。广大妇女要自觉肩负起尊老爱幼、教育子女的责任，在家庭美德建设中发挥作用，帮助孩子形成美好心灵，促使他们健康成长，长大后成为对国家和人民有用的人。广大妇女要发扬中华民族吃苦耐劳、自强不息的优良传统，追求积极向上、文明高尚的生活，促进形成良好社会风尚。"

3. 注重家风

（1）家风是社会风气的组成部分

习近平指出："家风是社会风气的重要组成部分。家庭不只是人们身体的住处，更是人们心灵的归宿。家风好，就能家道兴盛、和顺美满；家风差，难免殃及子孙、贻害社会，正所谓'积善之家，必有余庆；积不善之家，必有余殃'。诸葛亮诫子格言、颜氏家训、朱子家训等，都是在倡导一种家风。""广大家庭都要弘扬优良家风，以千千万万家庭的好家风支撑起全社会的好风气。"

（2）老一辈革命家都重视家风

习近平指出："在培育良好家风方面，老一辈革命家为我们作出了榜样。""毛泽东、周恩来、朱德同志等老一辈革命家都高度重视家风。我看了很多革命烈士留给子女的遗言，谆谆嘱托，殷殷希望，十分感人。"

（3）领导干部要带头抓好家风

习近平指出："各级领导干部要带头抓好家风。《礼记·大学》中说：'所谓治国必先齐其家者，其家不可教而能教人者，无之。'领导干部的家风，不仅关系自己的家庭，而且关系党风政风。各级领导干部特别是高级干部要继承和弘扬中华优秀传统文化，继承和弘扬革命前辈的红色家风，向焦裕禄、谷文昌、杨善洲等同志学习，做家风建设的表率，把修身、齐家落到实处。各级领导干部要保持高尚道德情操和健康生活情趣，严格要求亲属子女，过好亲情关，教育他们树立遵纪守法、艰苦朴素、自食其力的良好观念，明白见利忘义、贪赃枉法都是不道德的事情，要为全社会做表率。"

（4）要有敬畏之心

习近平总书记在2014年1月7日召开的中央政法工作会议上，要求政法机关坚守职业良知，教育引导广大干警自觉用职业道德约束自己，树立惩恶扬善、执法如山的浩然正气。习近平指出："实际上那些错误执行者，他也是有一本账的，这个账是记在那儿的。一旦他出事了，这个账全给你拉出来了。别看你今天闹得欢，小心今后拉清单，这都得应验的。不要干这种事情。'头上三尺有神明'，一定要有敬畏之心。"

敬畏之心要从小培养，在家庭教育中养成，在学校教育和社会教育中强化。中共中央、国务院印发的《新时代公民道德建设实施纲要》明确提出，要"形成德者有得、好人好报的价值导向"。

二、关于学校教育

学校教育是终身教育（终身学习）的第二种教育（学习）载体（形态），是（青少年）教育的主要途径之一，须按照终身教育的理念对之进行改造和提升。

1. 关于思政教育

学校教育的根本任务是立德树人，而思想政治理论课（简称思政课）则是落实立德树人根本任务的关键课程。2019 年 3 月 18 日，习近平总书记在学校思想政治理论课教师座谈会上就思政教育进行了重要论述。

（1）思政课是落实立德树人的关键课程

青少年阶段是人生的"拔节孕穗期"，最需要精心引导和栽培。我们办中国特色社会主义教育，要理直气壮地开好思政课，用新时代中国特色社会主义思想铸魂育人，引导学生增强中国特色社会主义道路自信、理论自信、制度自信、文化自信，厚植爱国主义情怀，把爱国情、强国志、报国行自觉融入坚持和发展中国特色社会主义事业、建设社会主义现代化强国、实现中华民族伟大复兴的奋斗之中。思政课作用不可替代，思政课教师责任重大。

（2）办好思政课关键在教师

办好思想政治理论课，关键在发挥教师的积极性、主动性、创造性。思政课教师要给学生心灵埋下真善美的种子，引导学生扣好人生第一粒扣子。第一，政治要强，让有信仰的人讲信仰，善于从政治上看问题，在大是大非面前保持政治清醒。第二，情怀要深，保持家国情怀，心里装着国家和民族，在党和人民的伟大实践中关注时代、关注社会，汲取养分、丰富思想。第三，思维要新，学会辩证唯物主义和历史唯物主义，创新课堂教学，给学生深刻的学习体验，引导学生树立正确的理想信念、学会正确的思维方法。第四，视野要广，要有知识视野、国际视野、历史视野，通过生动、深入、具体的纵横比较，把一些道理讲明白、讲清楚。第五，自律要严，做到课上课下一致、网上网下一致，自觉弘扬主旋律，积极传递正能量。第六，人格要正，有人格，才有吸引力。亲其师，才能信其道。要有堂堂正正的人格，用高尚的人格感染学生、赢得学生，用真理的力量感召学生，以深厚的理论功底赢得学生，自觉做为学为人的表率，做让学生喜爱的人。

（3）推动思政课改革创新

要不断增强思政课的思想性、理论性和亲和力、针对性。为此，须推动思政课改革创新，做到八个"统一"。一要坚持政治性和学理性相统一，以透彻的学理分析回应学生，以清晰的思想理论说服学生，用真理的强大力量引导学生。二要坚持价值性和知识性相统一，寓价值观引导于知识传授之中。三要坚持建设性和批判性相统一，传导主流意识形态，直面各种错误观点和思潮。四要坚持理论性和实践性相统一，用科学理论培养人，重视思政课的实践性，把思政小课堂同社会大课堂结合起来，教育引导学生立鸿鹄志，做奋斗者。五要坚持统一性和多样性相统一，落实教学目标、课程设置、教材使用、教学管理等方面的统一要求，又因地制宜、因时制宜、因材施教。六要坚持主导性和主体性相统一，思政课教学离不开教师的主导，同时要加大对学生的认知规律和接受特点的研究，发挥学生主体性作用。七要坚持灌输性和启发性相统一，注重启发性教育，引导学生发现问题、分析问题、思考问题，在不断启发中让学生水到渠成得出结论。八要坚持显性教育和隐性教育相统一，挖掘其他课程和教学方式中蕴含的思想政治教育资源，实现全员全程全方位育人。

2. 关于基础教育

（1）高度重视基础教育

2016 年 9 月 9 日，习近平在考察北京市八一学校时指出："要加强对基础教育的支持力度，办好学前教育，均衡发展九年义务教育，基本普及高中阶段教育。要优化教育资源配置，逐步缩小区域、城乡、校际差距，特别是要加大对革命老区、民族地区、边远地区、贫困地区基础教育的投入力度，保障贫困地区办学经费，健全家庭困难学生资助体系。要推进教育精准脱贫，重点帮助贫困人口子女接受教育，阻断贫困代际传递，让每一个孩子都对自己有信心、对未来有希望。"

（2）从小培育青少年树立社会主义核心价值观

2014 年 5 月 30 日，习近平在北京市海淀区民族小学主持召开座谈会时指出："学校要把德育放在更加重要的位置，全面加强校风、师德建设，坚持教书育人，根据少年儿童特点和成长规律，循循善诱，春风化雨，努力做到每一堂课不仅传播知识而且传授美德，每一次活动不仅健康身心而且陶冶性情，让同学们都得到倾心关爱和真诚帮助，让社会主义核心价值观的种子在学生们心中生根发芽。"

少年儿童应如何树立和践行社会主义核心价值观呢？"要适应少年儿童的年龄和特点"，"主要是要做到记住要求、心有榜样、从小做起、接受帮助"。一是记住要求，就是要把社会主义核心价值观的基本内容熟记熟背，让它们融化在心灵里、铭刻在脑子中。二是心有榜样，就是要学习英雄人物、先进人物、美好事物，在学习中养成好的思想品德追求。三是从小做起，就是要从自己做起、从身边做起、从小事做起，一点一滴积累，养成好思想、好品德。四是接受帮助，就是要听得进意见、受得了批评，在知错就改、越改越好的氛围中健康成长。

3. 关于高等教育

（1）扎根中国大地办大学

在 2014 年 5 月 4 日召开的北京大学师生座谈会上，习近平指出："办好中国的世界一流大学，必须有中国特色。没有特色，跟在他人后面亦步亦趋，依样画葫芦，是不可能办成功的。这里可以套用一句话，越是民族的越是世界的。世界上不会有第二个哈佛、牛津、斯坦福、麻省理工、剑桥，但会有第一个北大、清华、浙大、复旦、南大等中国著名学府。我们要认真吸收世界上先进的办学治学经验，更要遵循教育规律，扎根中国大地办大学。"

（2）新时代中国青年要自觉树立和践行社会主义核心价值观

习近平总书记指出，新时代中国青年要自觉树立和践行社会主义核心价值观。为此，一要勤学，下得苦功夫，求得真学问。"要勤于学习、敏于求知，注重把所学知识内化于心，形成自己的见解，既要专攻博览，又要关心国家、关心人民、关心世界，学会担当社会责任。"二要修德，加强道德修养，注重道德实践。"修德，既要立意高远，又要立足平实。要立志报效祖国、服务人民，这是大德，养大德者方可成大业。同时，还得从做好小事、管好小节开始起步。"三要明辨，善于明辨是非，善于决断选择。"要树立正确的世界观、人生观、价值观，掌握了这把总钥匙，再来看看社会万象、人生历程，一切是非、正误、主次，一切真假、善恶、美丑，自然就洞若观火、清澈明了，自然就能作出正确判断、作出正确选择。"四要笃实，扎扎实实干事，踏踏实实做人。"道不可坐论，德不能空谈。于实处用力，从知行合一上下功夫，核心价值观才能内化为人们的精神追求，外化为人们的自觉行动。""青年要把艰苦环境作为磨炼自己的机遇，把小事当作大事干，一步一个脚印往前走。滴水可以穿石。只要坚韧不拔、百折不挠，成功就一定在前方等你。"

4. 关于教育体制机制改革

（1）扭转不科学的教育评价导向

习近平指出："要坚决克服唯分数、唯升学、唯文凭、唯论文、唯帽子的顽瘴痼疾，从根本上解决教育评价指挥棒问题，扭转教育功利化倾向。要全面落实立德树人根本任务，推进育人方式、办学模式、管理体制、保障机制改革，建立促进学生身心健康、全面发展的长效机制。要支持有条件的高校创一流，但不能把高校人为分为三六九等，而是要鼓励高校办出特色，在不同学科不同方面争创一流。"

习近平强调："考试招生制度的指挥棒要改，真正实现学生成长、国家选才、社会公平的有机统一。对学校、教师、学生、教育工作的评价体系要改，坚决改变简单以考分排名评老师、以考试成绩评学生、以升学率评学校的导向和做法。直接以升学率奖优罚劣的做法要改，把升学率与工程项目、经费分配、评优评先等挂钩的潜规则也要改。"

习近平特别强调："一些校外培训机构违背教育规律和学生成长发展规律，开展以'应试'为导向的培训，增加了学生课外负担，增加了家庭经济负担，甚至扰乱了学校正常教育教学秩序，社会反响强烈。良心的行业不能变成逐利的产业。对校外培训机构要依法管起来，让校外教育培训回归育人正常轨道。"

（2）深化办学体制和教育管理改革

习近平指出："我国有着全世界最大的教育体系，同时情况也非常复杂，城乡区域发展不平衡，人民群众教育需求也存在很大差异。要运行好、发展好这样庞大而复杂的教育事业，必须针对学校自我约束和自我发展机制不健全、政府管理越位缺位错位不到位、社会参与不足等问题，深化办学体制和教育管理改革，推进教育领域治理能力和水平现代化。"

习近平强调："基层反映，对学校管得还是多、还是细，活力出不来，该政府出面为学校排忧解难的服务又不到位。对学校人财物的管理涉及多个部门，有些是延续多年的老政策、老办法，这个问题要系统解决。办学有规律，学校有主业，各级党委和政府要减少不必要的检查评比，不能动辄让学校停课出人出场地办活动，更不能把招商、拆迁等'摊派'给学校。对社会上各种各样的大学排行榜，可以参考，但绝不能被排名牵着鼻子走。学校是办学主体，要尽可能把资源配置、经费使用、考评管理等放给学校，保证学校事情学校办。"

（3）提升教育服务经济社会发展能力

习近平指出："要根据建设社会主义现代化强国的需要，调整优化高校区域布局、学科结构、专业设置，改进高等教育管理方式，促进高等学校科学定位、差异化发展，把创新创业教育贯穿人才培养全过程，建立健全学科专业动态调整机制，加快一流大学和一流学科建设，推进产学研协同创新，积极投身实施创新驱动发展战略，着重培养创新型、复合型、应用型人才。"

（4）提升我国教育世界影响力

习近平指出："要坚持对外开放不动摇，加强同世界各国的互容、互鉴、互通。要聚焦世界科技前沿和国内薄弱、空白、紧缺学科专业，同世界一流资源开展高水平合作办学，把质量高、符合需要的引进来。要打造更具国际竞争力的留学教育，将我国建成全球主要留学中心和世界杰出青年向往的留学目的地，吸引海外顶尖人才来华留学，培养未来全球精英。"

三、关于社会教育

社会教育，又叫继续教育，是终身教育（终身学习）的第三种教育（学习）载体（形态），呈现为成人教育、社区教育、老年教育、职场教育、干部教育等，其教育对象是在职和退休的人员，其中一个重要的部分是领导干部。领导干部是执政骨干，担负着党和人民交付的职责，其学习与否不仅仅是自己的事情，而是关乎党和国家事业发展的大事情。所以，领导干部必须加强学习、接受教育，干部教育是社会教育的重要组成部分，党校则是干部教育的主渠道。

1. 领导干部必须坚持学习、 学习、 再学习

（1）我们党历来重视抓全党特别是领导干部的学习

习近平指出："我们党历来重视抓全党特别是领导干部的学习，这是推动党和人民事业发展的一条成功经验。在每一个重大转折时期，面对新形势新任务，我们党总是号召全党同志加强学习；而每次这样的学习热潮，都能推动党和人民事业实现大发展大进步。改革开放伊始，党中央就强调，实现四个现代化是一场深刻的伟大的革命。在这场伟大的革命中，我们是在不断地解决新的矛盾中前进的。因此，全党同志一定要善于学习，善于重新学习。同过去相比，我们今天学习的任务不是轻了，而是更重了。这是由我们面临的形势和任务决定的。""好学才能上进。中国共产党人依靠学习走到今天，也必然要依靠学习走向未来。我们的干部要上进，我们的党要上进，我们的国家要上进，我们的民族要上进，就必须大兴学习之风，坚持学习、学习、再学习，坚持实践、实践、再实践。"

（2）学习好才能服务好并进行创新

习近平指出："学习好才能服务好，学习好才有可能进行创新。既然我们都是领导干部，都担负着党和人民交付的职责，就要不断提高自己、丰富自己，兢兢业业做好工作，不断提高工作水平和质量。从这个角度讲，领导干部学习不学习不仅仅是自己的事情，本领大小也不仅仅是自己的事情，而是关乎党和国家事业发展的大事情。这也就是古人所说的'学者非必为仕，而仕者必为学'。只有加强学习，才能增强工作的科学性、预见性、主动性，才能使领导和决策体现时代性、把握规律性、富于创造性，避免陷入少知而迷、不知而盲、无知而乱的困境，才能克服本领不足、本领恐慌、本领落后的问题。否则，'盲人骑瞎马，夜半临深池'，虽勇气可嘉，却是鲁莽和不可取的，不仅不能在工作中打开新局面，而且有迷失方向、落后于时代的危险。"

（3）学习的目的全在于运用

习近平指出："学习的目的全在于运用。领导干部加强学习，根本目的是增强工作本领、提高解决实际问题的水平。'空谈误国，实干兴邦'，说的就是反对学习和工作中的'空对空'。战国赵括

'纸上谈兵'、两晋学士'虚谈废务'的历史教训大家都要引为鉴戒。读书是学习，使用也是学习，并且是更重要的学习。领导干部要发扬理论联系实际的马克思主义学风，带着问题学，拜人民为师，做到干中学、学中干，学以致用、用以促学、学用相长，千万不能夸夸其谈、陷于'客里空'。"

（4）把学习作为一种健康的生活方式

习近平指出："兴趣是激励学习的最好老师。'知之者不如好之者，好之者不如乐之者'讲的就是这个道理。领导干部应该把学习作为一种追求、一种爱好、一种健康的生活方式，做到好学乐学。有了学习的浓厚兴趣，就可以变'要我学'为'我要学'，变'学一阵'为'学一生'。学习和思考、学习和实践是相辅相成的，正所谓'学而不思则罔，思而不学则殆'。你脑子里装着问题了，想解决问题了，想把问题解决好了，就会去学习，就会自觉去学习。""领导干部一定要把学习放在很重要的位置上，如饥似渴地学习，哪怕一天挤出半小时，即使读几页书，只要坚持下去，必定会积少成多、积沙成塔，积跬步以至千里。"

2. 党校姓党，　党校是党教育培训执政骨干的学校

（1）党校是我们党教育培训党员领导干部的主渠道

习近平指出："党校事业是党的事业的重要组成部分，党校是我们党教育培训党员领导干部的主渠道。""我们党要在中国长期执政，必须源源不断培养造就一大批德才兼备的执政骨干。从中央到地方建立党校体系，专门教育培训干部，是我们党的一大政治优势。革命战争年代如此，和平建设时期如此，改革开放新时期更是如此。""党校承担着为领导干部补钙壮骨、立根固本的重要任务。新形势下，我们必须更加重视干部教育培训工作，必须更加重视党校工作。党校工作只能加强，不能削弱。"

（2）党校姓党，自觉同党中央保持高度一致是关键

习近平指出："党校是教育培训干部的地方，必须自觉在思想上政治上行动上同党中央保持高度一致，而且要做得更好。""经常喊看齐是我们党加强自身建设的规律和经验。只有经常喊看齐，只有各级党组织都经常喊看齐，才能时刻警醒、及时纠偏，使全党始终保持整齐昂扬的奋进状态。不断把领导干部集中到党校来学习培训，一个重要目的就是帮助大家向党中央看齐。""党校增强看齐意识，就必须严守党的政治纪律和政治规矩。党校是学校，但不是普通学校，而是党教育培训执政骨干的学校，政治上必须有更高要求。过去，我听到一些反映，说一些人在党校讲课时传播西方资本主义价值观念，有的口无遮拦、对党和国家大政方针妄加议论，有的专门挑刺、发牢骚、说怪话，有的打着党校的金字招牌随意参加社会上不伦不类的活动。这些现象虽然发生在少数人身上，但影响很不好。这样的问题在党校不能发生！"

（3）党校姓党，党校工作的重心是抓党的理论教育和党性教育

习近平指出："领导干部到党校学习，主要任务是学习党的理论、接受党性教育。领导干部干好工作，需要掌握各方面知识和技能，也应该有丰富多彩的爱好和兴趣，我也就此对领导干部提出过要求。但是，解决这些问题不是党校的主要任务，有很多途径可以解决。如果党校把党的理论教育和党性教育这个主业主课放松了、甚至荒废了，搞了很多其他方面知识、技能、兴趣的东西，那就会喧宾夺主，甚至会在政治方向上发生偏差。""党校要加强学员对马克思主义经典著作的学习研究，开出基本书目，引导学员读原著、学原文、悟原理，特别是要理解其中包含的马克思主义立场、观

点、方法，不要浅尝辄止。""党性教育是共产党人修身养性的必修课，也是共产党人的'心学'。各级党校要把党性教育作为教学的主要内容，深入开展理想信念教育、党的宗旨教育，深入开展党史国史教育、革命传统教育，深入开展道德品行教育、法治思维教育、反腐倡廉教育，把党章和党规党纪学习教育作为党性教育的重要内容。"

3. 案例教育：做焦裕禄式的县委书记

县委书记在干部序列中级别不高，但地位特殊。怎样才能当好县委书记？焦裕禄同志为县委书记树立了榜样。具体而言，须做到心中有党、心中有民、心中有责、心中有戒。

（1）心中有党

习近平指出："心中有党，是具体的而不是抽象的。作为党的干部，不论在什么地方、在哪个岗位上工作，都要增强党性立场和政治意识，经得起风浪考验，不能在政治方向上走岔了、走偏了。要严守政治纪律，在政治方向、政治立场、政治言论、政治行为方面守好规矩，自觉坚持党的领导，自觉同党中央保持高度一致，自觉维护党中央权威。党中央提倡的坚决响应，党中央决定的坚决照办，党中央禁止的坚决杜绝，决不允许上有政策、下有对策，决不允许有令不行、有禁不止，决不允许在贯彻执行中央决策部署上打折扣。只要出现这种问题，大家就要坚决纠正。"

（2）心中有民

习近平指出："全心全意为人民服务是我们党的根本宗旨。县委书记是直接面对基层群众的领导干部，必须心系群众、为民造福。大家心中要始终装着老百姓，先天下之忧而忧，后天下之乐而乐，做到不谋私利、克己奉公。对个人的名誉、地位、利益，要想得透、看得淡，自觉打掉心里的小算盘。""要着力解决好人民最关心最直接最现实的利益问题，特别是要下大气力解决好人民不满意的问题，多做雪中送炭的事情。""我经常提到五六十年代福建东山县县委书记谷文昌，他一心一意为老百姓办事，当地老百姓逢年过节是'先祭谷公，后拜祖宗'。"

（3）心中有责

习近平指出："责任就意味着尽心尽责干事。对定下来的工作部署，要一抓到底、善始善终，坚决防止走过场、一阵风。县委书记多数任职就几年，不能有临时工的思想。有的人到了县委书记岗位上，想的是反正干不长，不如弄点大动静出来，也好显示自己的能耐和政绩，为自己晋升提拔铺路。这样的观点要不得。一个县里，规划几年一变，蓝图几年一画，干不成什么事。要有'功成不必在我'的境界，一张好的蓝图，只要是科学的、切合实际的、符合人民愿望的，就要像接力赛一样，一棒一棒接着干下去。山西右玉县地处毛乌素沙漠的天然风口地带，是一片风沙成患、山川贫瘠的不毛之地。新中国成立之初，第一任县委书记带领全县人民开始治沙造林。60多年来，一张蓝图、一个目标，县委一任接着一任、一届接着一届率领全县干部群众坚持不懈干，使绿化率由当年的0.3%上升到现在的53%，把'不毛之地'变成了'塞上绿洲'。抓任何工作，都要有这种久久为功、利在长远的耐心和耐力。"

（4）心中有戒

习近平指出："要正确行使权力，依法用权、秉公用权、廉洁用权，做到法定职权必须为，法无授权不可为，保持如临深渊、如履薄冰的谨慎，做到心有所畏、言有所戒、行有所止，处理好公和私、情和法、利和法的关系。""廉洁自律是共产党人为官从政的底线。我经常讲，鱼和熊掌不可兼得，当官发财两条道，当官就不要发财，发财就不要当官。要始终严格要求自己，把好权力关、金钱关、美色关，做到清清白白做人、干干净净做事、坦坦荡荡为官。要加强对亲属和身边工作人员的教育和约束，要求他们守德、守纪、守法。焦裕禄同志曾经亲自起草了《干部十不准》，规定干部在任何时候都不搞特殊化。他得知儿子'看白戏'，立即拿出钱叫儿子到戏院补票。被康熙誉为'天下清官第一'的张伯行曾经说过：'一丝一粒，我之名节；一厘一毫，民之脂膏。宽一分，民受赐不止一分；取一文，我为人不值一文。'这些廉政箴言，至今都没有过时，大家要努力学习。"

四、五点学习体会

1. 终身教育（终身学习）　是一种理念

2013 年 3 月 1 日，习近平在中央党校建校 80 周年庆祝大会暨 2013 年春季学期开学典礼上指出："好学才能上进。中国共产党人依靠学习走到今天，也必然要依靠学习走向未来。"终身教育（终身学习）是一种重要的理念，学习者通过教育和学习，适应经济社会的发展，并对国家作出贡献，赋能社会，推动进步，走向未来；同时，终身教育可不断提高国民素质，提升个体生命质量。党的十二大报告指出："必须大力普及初等教育，加强中等职业教育和高等教育，发展包括干部教育、职工教育、农民教育、扫除文盲在内的城乡各级各类教育事业，培养各种专业人才，提高全民族的科学文化水平。"党的十四大报告也强调："要优化教育结构，大力加强基础教育，积极发展职业教育、成人教育和高等教育，鼓励自学成才。"党的十五大报告则要求："发挥各方面的积极性，大力普及九年义务教育、扫除青壮年文盲，积极发展各种形式的职业教育和成人教育，稳步发展高等教育。"这三段话尽管没有出现"终身教育"（终身学习）这个名词，但提到了初等教育、中等职业教育、高等教育等各阶段教育，以及干部教育、职工教育、农民教育等各类教育，都包含了"提升自己、赋能社会、推动发展"的终身教育（终身学习）理念。

从学习者的视角来说，就是要做到：腹有诗书气自华。

2. 终身教育（终身学习）是一种体系

2018年9月10日，习近平在全国教育大会上指出："要加快建成伴随每个人一生的教育，让学习成为每个人的生活习惯和生活方式，实现人人皆学、处处能学、时时可学。"他还说："要加快建成适合每个人的教育，努力使不同性格禀赋、不同兴趣特长、不同素质潜力的学生都能接受符合自己成长需要的教育。"终身教育（终身学习）是一种适合每个人、伴随每个人一生的教育（学习）体系，方式灵活、资源丰富、选择多样、学习便捷，以实现人人皆学、处处能学、时时可学。党的十六大报告提出："继续普及九年义务教育。加强职业教育和培训，发展继续教育，构建终身教育体系。"党的十七大报告则指出："优化教育结构，促进义务教育均衡发展，加快普及高中阶段教育，大力发展职业教育，提高高等教育质量。重视学前教育。发展远程教育和继续教育，建设全民学习、终身学习的学习型社会。"前一段话提出了"构建终身教育体系"，后一段话则提出了"建设全民学习、终身学习的学习型社会"。

党的十八大报告强调："办好学前教育，均衡发展九年义务教育，基本普及高中阶段教育，加快发展现代职业教育，推动高等教育内涵式发展，积极发展继续教育，完善终身教育体系，建设学习型社会。"这段话充分体现了终身教育（终身学习）是一种体系，从学前教育，到九年义务教育，到高中阶段教育，到现代职业教育和高等教育，再到继续教育，然后以"完善终身教育体系，建设学习型社会"来归总。

党的十九大报告则强调："推动城乡义务教育一体化发展，高度重视农村义务教育，办好学前教育、特殊教育和网络教育，普及高中阶段教育，努力让每个孩子都能享有公平而有质量的教育。完善职业教育和培训体系，深化产教融合、校企合作。加快一流大学和一流学科建设，实现高等教育内涵式发展。……办好继续教育，加快建设学习型社会，大力提高国民素质。"这段话更是体现了终身教育（终身学习）是一种体系，从学前教育，到义务教育，到高中阶段教育，到职业教育（培训）和高等教育，再到继续教育，并特别强调了"高度重视农村义务教育"，"办好学前教育、特殊教育和网络教育"，"深化产教融合、校企合作"，"让每个孩子都能享有公平而有质量的教育"，最后归到"加快建设学习型社会，大力提高国民素质"的目标。

党的十九届四中全会第一次用"构建服务全民终身学习的教育体系"来定位坚持和完善教育制度的总体目标，更加强化了终身教育（终身学习）是一种体系的理念。"服务全民"，就是教育要面向全体人民，体现公平性。"终身学习"，则是教育要覆盖人的整个生命周期，从家庭教育、学前教育、城乡义务教育、特殊教育、高中阶段教育，到职业技术教育、高等教育、继续教育，体现了持续性。十九届四中全会第一次提出"构建覆盖城乡的家庭教育指导服务体系"，还强调了"加快发展面向每个人、适合每个人、更加开放灵活的教育体系"，完善了终身教育（终身学习）的内容和体系。

从学习者的视角来说，就是要做到：吾十有五而志于学，三十而立，四十而不惑，五十而知天命，六十而耳顺，七十而从心所欲，不逾矩。

3. 终身教育（终身学习）是一种实践

1936 年 12 月，毛主席在《中国革命战争的战略问题》中提出："读书是学习，使用也是学习，而且是更重要的学习。从战争学习战争——这是我们的主要方法。"他还说："没有进学校机会的人，仍然可以学习战争，就是从战争中学习。革命战争是民众的事，常常不是先学好了再干，而是干起来再学习，干就是学习。"2013 年 3 月 1 日，习近平在中央党校建校 80 周年庆祝大会暨 2013 年春季学期开学典礼上也指出："读书是学习，使用也是学习，并且是更重要的学习。""干中学、学中干，学以致用、用以促学、学用相长"。习近平还说："我们的干部要上进，我们的党要上进，我们的国家要上进，我们的民族要上进，就必须大兴学习之风，坚持学习、学习、再学习，坚持实践、实践、再实践。"

2018 年 5 月 2 日，习近平在北京大学师生座谈会上强调："'纸上得来终觉浅，绝知此事要躬行。'学到的东西，不能停留在书本上，不能只装在脑袋里，而应该落实到行动上，做到知行合一、以知促行、以行求知，正所谓'知者行之始，行者知之成'。每一项事业，不论大小，都是靠脚踏实地、一点一滴干出来的。'道虽迩，不行不至；事虽小，不为不成。'这是永恒的道理。做人做事，最怕的就是只说不做，眼高手低。不论学习还是工作，都要面向实际、深入实践，实践出真知；都要严谨务实，一分耕耘一分收获，苦干实干。"习近平就是这样做的，2013 年 3 月 19 日在接受金砖国家媒体联合采访时，他说："中国有句古话，'宰相必起于州部，猛将必发于卒伍'。我们现在的干部遴选机制也是一级一级的，比如，我在农村干过，担任过大队党支部书记，在县、市、省、中央都工作过。干部有了丰富的基层经历，就能更好树立群众观点，知道国情，知道人民需要什么，在实践中不断积累各方面经验和专业知识，增强工作能力和才干。这是做好工作的基本条件。"他还说："老百姓的衣食住行，社会的日常运行，国家机器的正常运转，执政党的建设管理，都有大量工作要做。对我来讲，人民把我放在这样的工作岗位上，就要始终把人民放在心中最高的位置，牢记人民重托，牢记责任重于泰山。这样一个大国，这样多的人民，这么复杂的国情，领导者要深入了解国情，了解人民所思所盼，要有'如履薄冰，如临深渊'的自觉，要有'治大国如烹小鲜'的态度，丝毫不敢懈怠，丝毫不敢马虎，必须夙夜在公、勤勉工作。人民是我们力量的源泉。只要与人民同甘共苦，与人民团结奋斗，就没有克服不了的困难，就没有完成不了的任务。"

从学习者的视角来说，就是要做到：读万卷书，行万里路，经万件事，动万般情。

4. 终身教育（终身学习）是一种生活方式

习近平认为，领导干部应该把学习作为一种追求、一种爱好、一种健康的生活方式，做到好学乐学。他自己就是如此，2013 年 3 月 19 日在接受金砖国家媒体联合采访时，面对巴西《经济价值报》记者的提问，他的回答是："我爱好挺多，最大的爱好是读书，读书已成为我的一种生活方式。"青年时代的习近平，对知识有着发自心底的热切向往。上山下乡的日子里，他随身带了满满一箱子书。为了借阅《浮士德》，他不惜走了30里地去借。在梁家河村，习近平上山放羊也不忘读书。据不完全统计，他当年阅读过《共产党宣言》《法兰西内战》《哥达纲领批判》《反杜林论》《国家与革命》《资本论》《毛泽东选集》《国富论》《战争论》《中世纪史》《中国通史简编》等大量著作，以及莎士比亚的部分作品，甚至还有多篇基辛格早年的论文。书本的滋养，有助于我们"扣好人生的第一粒扣子"。2015年10月，习近平在伦敦金融城市长晚宴上发表演讲时感言："'生存还是毁灭，这是一个问题。'哈姆雷特的这句话，给我留下了极为深刻的印象。我不到16岁就从北京来到了中国陕北的一个小村子当农民，在那里度过了7年青春时光。那个年代，我想方设法寻找莎士比亚的作品，读了《仲夏夜之梦》《威尼斯商人》《第十二夜》《罗密欧与朱丽叶》《哈姆雷特》《奥赛罗》《李尔王》《麦克白》等剧本。莎士比亚笔下跌宕起伏的情节、栩栩如生的人物、如泣如诉的情感，都深深吸引着我。年轻的我，在当年陕北贫瘠的黄土地上，不断思考着'生存还是毁灭'的问题，最后我立下为祖国、为人民奉献自己的信念。我相信，每个读过莎士比亚作品的人，不仅能够感受到他卓越的才华，而且能够得到深刻的人生启迪。"

尽管政务繁忙，习近平还是坚持读书。2014年2月7日在俄罗斯索契接受俄罗斯电视台专访时，习近平说："谈到爱好，我个人爱好阅读、看电影、旅游、散步。你知道，承担我这样的工作，基本上没有自己的时间。今年春节期间，中国有一首歌，叫《时间都去哪儿了》。对我来说，问题在于我个人的时间都去哪儿了？当然是都被工作占去了。现在，我经常能做到的是读书，读书已成了我的一种生活方式。读书可以让人保持思想活力，让人得到智慧启发，让人滋养浩然之气。比如，我读过很多俄罗斯作家的作品，如克雷洛夫、普希金、果戈理、莱蒙托夫、屠格涅夫、陀思妥耶夫斯基、涅克拉索夫、车尔尼雪夫斯基、托尔斯泰、契诃夫、肖洛霍夫，他们书中许多精彩章节和情节我都记得很清楚。"

从学习者的视角来说，就是要做到：有始有终地学习，有声有色地工作，有滋有味地生活，有情有义地交往。

5. 终身教育（终身学习）是"中国模式"的关键

美国芝加哥大学政治学博士薄智跃在《政治局集体学习制度与"中国模式"》一文中提出，"中国模式"实际上是一种学习模式。"应当说，中国在过去的 30 年内之所以能在经济发展上取得举世瞩目的快速发展，与中国人的学习、首先是中国领导人的学习是分不开的。在这一意义上，'中国模式'实际上就是一个学习模式，是一个发展中国家向发达国家学习的成功模式。政治局集体学习制度使中国领导人的学习系统化、制度化，为建设学习型政党作出了优秀典范、为形成学习型社会奠定了坚实基础。"第十六届、第十七届、第十八届中央政治局集体学习分别开展了 44 次、33 次、43 次，制度化程度很高。第十九届中央政治局集体学习已开展了 35 次，第 35 次的学习时间是 2021 年 12 月 6 日，学习内容为：建设中国特色社会主义法治体系。

《习近平时代》一书认为："经过几十年的努力，中共建立了一个庞大的学习体系，已经有能力培训从中央到地方、从党委到行业的所有干部。在政治局集体学习之外，中共还有三个层次的学习机制。""第一个层次是，全国各级各类党政机关领导班子普遍建立了中心组学习制度，强化各级主要领导的日常学习。""第二个层次是各级党校和行政学院系统，主要对各级党员领导干部进行常规轮训。""第三个层次是高校系统。为了更好满足各级党员干部对现代化知识的需求，2000年以来，中共加大了与各高校的合作，利用高校知识门类齐全、知识更新速度快的优势，通过专项培训，让各级党员干部尽快掌握相关的政治学、经济学、公共管理、社会管理等方面的知识。"

习近平在2009年11月中央党校2009年秋季学期第二批进修班开学典礼上的讲话题目为"关于建设马克思主义学习型政党的几点学习体会和认识"，提出要建设学习型党组织。"我们党是由中央到地方再到基层的各级党组织结合起来的整体，建设马克思主义学习型政党必须把建设学习型党组织作为基础工程和组织保障抓实抓好。""建设学习型党组织，就要大力营造和形成重视学习、崇尚学习、坚持学习的浓厚氛围，牢固确立党组织全员学习、党员终身学习的理念，建立健全管用有效的学习制度，使党员的学习能力不断提升、知识素养不断提高、先锋模范作用充分发挥，使党组织的创造力、凝聚力、战斗力不断增强。"习近平强调，建设学习型党组织，基础是抓好党员的学习。"每一个党组织都要认真履行职责，切实组织党员抓好三个方面的学习。一是向书本学习。二是向实践学习。三是向群众学习。"

从学习者的视角来说，就是要做到：学者非必为仕，而仕者必为学。仕而优则学。

总之，习近平总书记关于终身教育（终身学习）重要论述的精髓就是：学习学习再学习，实践实践再实践。

（2021）

分论一：家庭教育

家庭教育是社区治理的基石

一、社区治理是城市治理的基石

根据新华社 2018 年 11 月 7 日的报道，习近平总书记在考察上海虹口区市民驿站嘉兴路街道第一分站时强调，城市治理的"最后一公里"就在社区。社区是党委和政府联系群众、服务群众的神经末梢，要及时感知社区居民的操心事、烦心事、揪心事，一件一件加以解决。老百姓心里有杆秤。我们把老百姓放在心中，老百姓才会把我们放在心中。加强社区治理，既要发挥基层党组织的领导作用，也要发挥居民自治功能，把社区居民积极性、主动性调动起来，做到人人参与、人人负责、人人奉献、人人共享。

一年后，习近平总书记又来到上海。根据新华社 2019 年 11 月 3 日的报道，习近平总书记在考察上海长宁区虹桥街道古北市民中心时强调，城市治理是推进国家治理体系和治理能力现代化的重要内容。要推动城市治理的重心和配套资源向街道社区下沉，聚焦基层党建、城市管理、社区治理和公共服务等主责主业，整合审批、服务、执法等方面力量，面向区域内群众开展服务。要推进服务办理便捷化，优化办事流程，减少办理环节，加快政务信息系统资源整合共享。要推进服务供给精细化，找准服务群众的切入点和着力点，对接群众需求实施服务供给侧改革，办好一件件民生实事。

党的十九届四中全会提出，要健全党组织领导的自治、法治、德治相结合的城乡基层治理体系，健全社区管理和服务机制。其一，要完善和发展"自治"，健全基层党组织领导的基层群众自治机制。在城乡社区治理、基层公共事务和公益事业中，广泛实行多种主体共同参与的自我管理、自我监督、自我教育、自我服务，不断提高基层治理的开放性，推进基层直接民主制度化、规范化、程序化。其二，要完善和发展"法治"，充分发挥法治固根本、稳预期、利长远的保障作用。以法治承载道德理念、明确道德导向、弘扬美德义行，把社会主义道德要求体现到立法、执法、司法、守法之中，以法治的力量引导人们向上向善。其三，要完善和发展"德治"，教人求真、劝人向善、促人尚美。要把社会公德、职业道德、家庭美德、个人品德建设作为着力点，鼓励人们在社会上做一个好公民，在工作中做一个好建设者，在家庭里做一个好成员，在日常生活中养成好品行。要坚持德法兼治，以道德滋养法治精神，以法治体现道德理念。

二、社区教育是社区治理的源头

上海开放大学是"三教融通（学历教育、非学历教育、社区教育）"的新型大学，其中的社区教育在社区治理中承担着源头建设的功能。从 2014 年初至 2019 年 8 月，我在上海开放大学分管社区教育，经常想起"扁鹊三兄弟医术谁最高"的故事。《鹖冠子》一书记载了"扁鹊与魏文侯的对话"："（魏文侯问扁鹊）曰：'子昆弟三人其孰最善为医？'扁鹊曰：'长兄最善，中兄次之，扁鹊最为下。'魏文侯曰：'可得闻邪？'扁鹊曰：'长兄于病视神，未有形而除之，故名不出于家。中兄治病，其在毫毛，故名不出于闾。若扁鹊者，镵血脉，投毒药，副肌肤间，而名出闻于诸侯。'"（意为：魏文侯问扁鹊："你兄弟三人，哪一个最擅长医术？"扁鹊答："我大哥最擅长，二哥其次，我最不擅长。"魏文侯问："为什么？"扁鹊答："我大哥看病，病害没有形成就消除了病因，所以他的名声传不出家门；二哥治病，病因刚一萌芽就消除了，所以他的名声传不出街巷；像我这样的，用针灸刺血脉，给病人吃烈性的药，用药膏敷肌肤，所以名声传得出来，在诸侯间闻名。"）

这个故事告诉我们，就医生而言，医术最高的是"治未病（扁鹊大哥）"，其次是"治微病（扁鹊二哥）"，再次是"治大病（扁鹊本人）"。从社区治理来说，同样如此：源头建设相当于"治未病"（使社会问题自然转化，从而无须施以"药石"），以及"治微病"（发现问题苗头即刻消除，从而使社会保持健康发展）；末端治理则相当于"治大病"（问题出现并伸展到全身之后才施以"药石"，即使病情有所好转，身体也已受到创伤，社会基础也已遭到破坏）。所以，源头建设（源头治理）更重要，社区教育在社区治理中承担着源头建设的重要功能：通过传播社会主义核心价值观，使之成为人们日用而不觉的道德规范和行为准则；通过弘扬古圣先贤、民族英雄、志士仁人的嘉言懿行，让中华文化基因更好地植根于人们的思想意识和道德观念，形成德者有得、好人好报的价值导向；提升社区居民的生活品质和生命质量，增强老百姓的获得感、幸福感、安全感，从而让社会问题自然转化，保持社会健康发展。

三、家庭教育是社区教育的基础

党的十九届四中全会提出，要"构建服务全民终身学习的教育体系"，"构建覆盖城乡的家庭教育指导服务体系"。用"构建服务全民终身学习的教育体系"来定位坚持和完善教育制度的总体目标，是第一次。"服务全民"，就是教育要面向全体人民，体现公平性。"终身学习"，就是教育要覆盖人的整个生命周期，体现持续性。提出"构建覆盖城乡的家庭教育指导服务体系"，也是第一次，说明家庭教育、学校教育、社会教育都很重要，而家庭教育尤其需要加强。习近平总书记就高度重视家庭教育，在 2015 年 2 月 17 日春节团拜会上提出了"三个注重"："家庭是社会的基本细胞，是人生的第一所学校。不论时代发生多大变化，不论生活格局发生多大变化，我们都要重视家庭建设，注重家庭、注重家教、注重家风。"2016 年 12 月 12 日，在会见第一届全国文明家庭代表时，习近平总书记对"三个注重"的具体内容又进行了阐述。古训道，"家和万事兴"。家庭是社会构成中最基本的单位，和谐家庭建设是构建社会主义和谐社会的重要任务。家庭和，则社区安；社区安，则社会宁。所以，党的十九届四中全会强调，在"构建基层社会治理新格局"中，要"注重发挥家庭家教家风在基层社会治理中的重要作用"。

那么，应如何建设和谐家庭呢？就是要形成爱国爱家、相亲相爱、向上向善、共建共享的社会主义家庭文明新风尚，让美德在家庭中生根、在亲情中升华。这其中的关键是要有好的家教家风，家庭成员应具有和谐相处的智慧；这一智慧从操作层面来说，就表现为家庭伦常，即家庭成员各行其道、各正本位、各尽本分。王凤仪先生说，什么是和谐？"和"是互相尊重，"谐"是互相礼让。这与孔子倡导的"君子求诸己，小人求诸人"（意为君子注重的是个人的道德修养，多从自身的反省开始；而小人则相反，往往一味地去苛责别人）是一致的。

我想起了坊间流传的一个故事。在一个单元楼里，门对门住着两户人家，结果一家是"大吵三六九，小吵天天有"，不但夫妇间、儿女间互相吵闹，有时儿女也会同爸爸妈妈吵闹。吵闹太多，大家都烦了！而对门这一家，相处了20多年从来都没有红过脸，一家人是父母慈爱、儿女孝顺，是非常和乐的一家。

吵吵闹闹的这一家，很羡慕非常和乐的那一家，有一天就登门求教："我们家里实在吵得太辛苦了，你们家里为什么这样和乐呢？不但没听见你们吵闹，连大声讲话都没有，这到底有什么秘诀？请你们教教我们。"结果和乐一家的女主人回答："因为你们家都是好人，是善人；而我们家都是恶人，是坏人。所以你们家经常吵架，我们家吵不起来。"听到这样的回答，吵闹一家的男女主人就更加不知道是什么原因了。这一家的女主人就说："你是不是在讽刺我们？我们家都是好人，都是善人，还经常吵架；你们家都是恶人，都是坏人，还吵不起来。"和乐一家的女主人一看，吵闹一家的人没有听懂。她就说："我不是讽刺你们，我给你们举个简单的例子，你们就明白了。比如有一天，丈夫要去上班，做妻子的很体贴他，端了一杯热水，放在桌子上，结果丈夫在穿衣服的时候，不小心把杯子碰掉、打烂了，手也烫到了。这个时候如果在你们家，因为你们家的人都自认为是好人，是善人，丈夫就不高兴了，甚至会对妻子破口大骂说：'你会不会做事？放一杯水都放得这么靠边，害我把它给碰掉、打烂了，手也烫到了。'妻子听了这样的指责，也会开始河东狮吼，说：'明明就是你的错，你不长眼睛，把它碰掉、打烂了，怎么能够怨我，真是岂有此理！'相反，如果在我们家，因为我们家的人都自认为是恶人，是坏人，这个时候我会说：'你看，都是我不会做事，我把这个茶杯放得太靠边了，所以才让你不小心把杯子碰掉、打烂了，还烫到了手，都是我的错。'说着就拿起抹布要收拾残局。丈夫听了觉得很过意不去，他说：'你看，明明是我的错，我不小心才把它碰掉、打烂了，怎么能够怨你呢？还是由我来收拾吧。'"

所以，正所谓"各自责，天清地宁；各相责，天翻地覆"。在家庭生活中，我们只能对照自己、反省自己；如果对照、指责我们身边的人，必定适得其反。在家庭中，要懂得知恩、感恩、报恩，"不看别人好不好，只管自己对不对"。对夫妻来说，以恕为本，相互包容。对父母来说，以慈为本，以身作则，"不管子女孝不孝，但看自己慈不慈"。对子女来说，以孝为本，关心父母，"不管父母慈不慈，但看自己孝不孝"。对婆媳来说，妥协为本，相对独立。对老人来说，豁达为本，少管闲事。这样，以相互尊重和礼让为前提，一家人就能和谐相处了。一个奉行相互尊重和礼让的家庭，其家庭成员进入社会后，也必能换位思考，体谅别人，帮助他人，行善积德，这样的家庭就是"积善之家"；长期积善，存好心，说好话，行好事，做好人，福报自来，"余庆"必有。

（2019）

家和万事兴

一

国以家为根，家以和为贵。家庭是社会构成中最基本的单位，和谐家庭建设是构建社会主义和谐社会的重要任务。2015年5月7日，上海召开深入开展"注重家庭、注重家教、注重家风"建设工作座谈会，上海市委宣传部、市委组织部、市精神文明办、市妇联、市教委、市文广影视局、市新闻出版局7家单位联合发文《关于本市深入开展"注重家庭、注重家教、注重家风"建设工作的意见》。会议强调，家庭、家教、家风与人们日常生活息息相关，是社会主义核心价值观的微观体现和具体展示。要深入挖掘内涵，丰富教育载体，提高教育效果，让好家风、好家训深入人心。要通过积极开展家庭健身、邻里守望、志愿服务等各类活动，广泛搭建群众参与平台，推进"三个注重"工作日常化、具体化、形象化、生活化。要完善学校、家庭和社会"三位一体"的育人机制，引导未成年人"扣好人生第一颗扣子"。通过广泛开展寻找"最美家庭"等活动，展示普通群众的善举，讲好公众人物、先进模范的家风家训故事，用真实的事例感染人、启发人、教育人。

深入开展"注重家庭、注重家教、注重家风"建设，需要全社会的共同努力；而与家庭教育密切相关的社区教育，更是责任重大。上海市学习型社会建设服务指导中心（简称"市学指中心"）是一个服务和指导全市社区教育的机构，对于深入开展"注重家庭、注重家教、注重家风"建设，责无旁贷。为此，市学指中心联合杨浦社区学院、黄浦社区学院、奉贤社区学院，共同编写"家和万事兴"丛书，希望为深入开展"注重家庭、注重家教、注重家风"建设提供一份接地气的教育资源。该丛书共四册，一本是《家庭之道》，是关于如何注重家庭、如何注重家教、如何注重家风的漫谈集；另三本是《夫妻之道》《亲子之道》《婆媳之道》，以上海市民身边的案例为基础，对夫妻之道、亲子之道、婆媳之道进行探讨，努力做到实用性较强、可读性也较强。本丛书还应包括一本《老人之道》，鉴于市学指中心已编写出版"今天如何做长者"丛书，该丛书以上海一部分长者的生命实践为基础，系统地阐述了"老人之道"，本丛书不再安排。

二

"家和万事兴"的前提是"家和"，而"家和"的关键是奉行"家道"。"家道"的首要内容是，家庭必须以夫妻为核心，家庭和谐的根本在于夫妻恩爱的感情；夫妻双方情投意合、相敬相爱，同甘共苦、同舟共济，这样就能使家庭中的孩子和老人快乐，家庭幸福美满，否则整个家庭恐怕会不得安宁。现在某些家庭由于没有把重心放在夫妻身上，而是放在孩子和老人身上，夫妻关系非常紧张；这样，即使对孩子再关怀、对老人再爱护，也不能弥补因此而导致的孩子和老人的情感创伤。

关于夫妻关系，永春在《家庭和谐初探》（刊于《人民日报》

2008 年 11 月 21 日）一文中进行了精辟的论述。永春认为，传统社会爱情婚姻的价值标准是"郎才女貌"。用今天的道德规范来衡量，"郎才女貌"并不是先进文化所倡导的，但也称不上落后文化，更不属于腐朽文化。这是一种客观存在的现实文化，是社会公认的婚姻价值取向，是传统伦理纲常、审美情趣和婚姻家庭观念的体现。它甚至超越了民族和国家的界限，成为不同语言、不同文化的民族普遍认同的婚姻价值准则。

永春指出，重提"郎才女貌"，绝不是为了推崇男尊女卑，否定男女平等，也不是贬低女性的才华、能力和社会贡献，而是希望通过对这个客观存在的婚姻社会价值标准的分析，描绘出现实生活中"郎才""女貌"标准的运行轨迹，从而正确认识和把握夫妻恩爱和睦的规律性，促进男女平等、家庭和谐。

永春说，通过分析成功男人的人生路径，可以发现，"郎才"的展示具有厚积薄发的特点。男人年轻时不管潜质多优秀，学习多勤奋，志向多高远，由于缺乏生活的磨砺、经验的积累、经济的储备，事业上往往鲜有建树。而大多数男性都是步入中年以后，经过锲而不舍的顽强奋斗，事业才会渐有成就，声名日益显赫，地位与日俱增，逐步进入人生的成熟期、收获期。但通过观察多数女性的人生历程，则可以发现，"女貌"的展示呈现先声夺人的特点。年轻女子花容月貌、娇羞妍丽、风姿婀娜、楚楚动人，在如花妙龄就达到了婚姻社会价值取向的黄金期。即使并不美貌的"情人眼里出西施"也是如此。而斗转星移、岁月更迭带给女性更多的是红衰翠减、容颜不再的黯然神伤。

永春绘制了一张坐标图，横坐标代表年龄（或称时间），纵坐标代表婚姻社会价值取向的价值量（只能作定性分析，不能定量化），将"郎才"和"女貌"的运行轨迹用曲线标识出来，就能清晰地看到，男人和女人在不同年龄阶段迥异的人生定位：年轻阶段，"女貌"的坐标处于婚姻社会价值曲线的顶峰，"郎才"的坐标则处于曲线的谷底。时光流转，"郎才"曲线逐步上升，"女貌"曲线渐次走低。在中年前后，形成一个交汇点。这个交汇点一般在35岁至40岁左右，根据职业的不同而有所差异，通常开放性强的职业可能提前些（如文艺、体育、卫生、外贸、外交等），严肃性强的行业可能延后些（如科研、教育、党政机关等）。而后，成功男人的"郎才"曲线继续向峰顶攀升，而大多数女性的"女貌"曲线则向谷底下滑。在相当长的一段时间内，两条曲线呈现差距逐渐拉大的趋势，两者的形状宛如一把张开的剪刀。一般到了50岁以后，两条曲线渐渐平行，形如剪柄。永春将这一现象称为夫妻间的"剪刀差"原理。

永春说，夫妻感情随着"郎才"和"女貌"曲线的变化，可分为三个阶段：从起始到交汇点，可称之为感情融洽期；从交汇点至50岁以前，可称之为潜在的感情危机期；50岁以后，可称之为感情稳定期。永春指出，认识和掌握夫妻间的"剪刀差"原理，就是为了防止和避免潜在的"感情危机期"成为现实的感情危机，以共同维护夫妻的恩爱和睦与家庭的稳定和谐。

永春强调，对于成功男人来说，要顺利渡过潜在的"感情危机期"，就要从四个方面增强家庭美德修养：第一，要深刻认识"原装的好"的道理。之所以说原配妻子好，是因为从夫妻间的"剪刀差"原理看，同在年轻时代，男人处于"郎才"曲线的低谷期，女人正处于"女貌"曲线的高峰期，在男人还几乎一无所有、未来无法预知的时候，女孩子就以身相许、托付终身，看重的不是对方的金钱、地位、名誉，而是真正建立在诚挚的感情基础之上。这是原配夫人的可贵之处，是两人的恋爱史、婚姻史形成的，是不可再生的资源。第二，要正确看待个人取得的成就，时刻意识到这些成就有自己的一半，也有妻子的一半。事业如日中天的男人，他所取得的一切成绩，离不开个人的不懈努力，离不开党组织及社会各方面的培养支持，更离不开妻子的共同奋斗；他所拥有的一切资产，包含着自己的劳动所得，更包含着妻子的心血和汗水。对容貌和性格发生变化的妻子，要多一些包容和体谅，多一些沟通和交流，多一些帮助和关怀，少一些埋怨和指责，让她感受到丈夫更多的爱和温暖。第三，要自觉抵御形形色色的诱惑，增强对第三者插足的免疫力。现实生活中有一些年轻女子，自己不愿意艰苦奋斗，幻想"摘桃"，于是，她们把目光瞄准有一定地位、财力的已婚成功男人。如果遇到这种情况，男人一定要保持清醒头脑，要冷静地看到，对方往往看重的是你的钱财、地位、权力，这样的结合不是建立在感情基础上的，是经不住风浪考验的。大量的事实表明，养情妇、"包二奶"会付出惨痛的代价。俗话说，"苍蝇只叮有缝的蛋"，只要自己行得正，就会有效抵御和避免第三者插足。第四，要增强家庭责任感，做顶天立地的男子汉。高度的家庭责任感是构建和谐幸福家庭的基石。夫妻失去家庭责任感，给家庭带来的是无尽痛苦，给社会带来的是严重伤害。大量的事实证明，如果在家中不是个好父亲、好丈夫、好儿子，在社会上也不可能是个好干部、好老师、好企业家。每一个负有家庭责任感的男人，都要切实履行好为人子、为人夫、为人父的职责义务，精心孝敬父母，让他们安度晚年；精心呵护妻子，与之携手相伴、白头到老；精心养育子女，以身作则、言传身教，促进他们健康成长，让每一个家庭成员共享幸福与快乐。

永春指出，对于步入中年的女性而言，也须做到四个方面：第一，要自觉克服年轻时养成的"个性"，主动维系夫妻感情。随着年龄的增长，女性应当学会调整心态，主动克服自身的"骄娇二气"。作为妻子，应当学会把生活的重心从自我扩展到家庭，主动自觉地克服个性上的弱点，多关心、体贴丈夫，尊重老人，多照料、"经营"家庭，不断增强家庭的凝聚力、吸引力，让丈夫在体贴入微的家庭关爱中释放工作压力，在其乐融融的家庭氛围中享受天伦之乐。第二，要注重提升自身的素质。虽然"女貌"衰减是不可抗拒的，但自身素质的提高是自己可以努力的。妻子应当通过不断学习，丰富思想内涵，在自己不断进步的同时能够在事业上帮助、支持丈夫，成为丈夫工作上的好参谋、好助手；能够经常与丈夫沟通思想，交流感情，帮助丈夫抵御形形色色的诱惑。第三，要注重保持自己的良好形象，努力让青春常驻。中年女性在安排好工作和家务的同时，要改变不修边幅、不施粉黛、不关心自己外在形象的习惯，有意识地注重梳妆打扮，注重服饰着装，注重举止得体，塑造温文尔雅、端庄秀丽的形象。第四，对年轻女子要加强树立正确的爱情观、婚姻观的教育。建设幸福美满的和谐家庭，必须把男女双方纯洁的感情放在首位，把婚姻家庭建立在情笃意深的感情基础之上。必须树立符合中华民族传统美德与时代特征的道德观念和法律意识，懂得自尊自爱，珍惜青春名誉，不做破坏他人家庭幸福的事。必须树立正确的价值观，立志艰苦创业、勤奋进取，通过自己的诚实劳动，创造幸福美好的新生活。

三

"家道"的内容还包括亲子之道、婆媳之道、老人之道。

关于亲子之道，沈璋大认为，父母要善教孩子。父母的"三句话"，可以帮助孩子一生。第一句，"孩子，爸妈没本事，你要靠自己"。这种理念是让孩子丢掉依赖心，培养独立精神，增强危机意识和家庭责任感。第二句，"孩子，做事先做人，一定不能做伤害人的事"。这种理念是让孩子懂得做人是一辈子的大事，只有把人做好了，才可能走向成功，并得到他人的尊重。第三句，"孩子，撒开手闯吧，实在不行，回家还有饭吃"。这种理念是在教育孩子要有远大志向，为了实现梦想要有勇敢顽强的精神；并且告诉孩子，父母是爱孩子的，无论遇到再大的挫折，家永远是孩子可以停泊的港湾。反之，父母的另外"三句话"，将会害孩子一世。第一句，"宝贝，好好学习就行，其他事爸妈来办"。这种理念会让孩子养成依赖心，更糟糕的是孩子会认为人生就是"学习好，一切都好"，而不知道人只有全面发展才是真正的好。第二句，"宝贝，记住不能吃亏"。这种理念是在培养心胸狭隘的孩子，自私、狭隘的人格种子就是这样埋下的；这样的孩子将来难以与人合作，难以交到朋友，难以走向成功和幸福，甚至连家庭关系都处理不好。第三句，"宝贝，我告诉你，再不好好学习，长大没饭吃"。这种理念是在告诉孩子人生的目标就是混口饭吃。并且，由于将学习严重功利化了，孩子会在内心里产生对学习的抵触情绪。

关于婆媳之道，燕建志认为，婆媳双方要学会妥协，并保持相对的独立性。婆媳之间是由于一个男人（婆婆的儿子，也是儿媳的丈夫）而互联的"战略合作伙伴"，互联的实质就是妥协合作，这样才能使家庭三代人稳定、发展和繁荣。同时，婆媳双方要保持一定的心理距离和空间距离。心理距离是指人格界限，婆媳双方都能够按照自己的意愿去生活。空间距离是婆媳亦分亦合。所谓"亦分"，是指在条件允许的情况下，索性放权，最好是儿子一结婚，公婆就和他们小两口分开单过，一家两主，给双方一个自由，避免婆媳在频繁接触中产生过多的矛盾冲突（燕建志介绍，在其所在单位的家属院内，有一"三世同堂"的主干家庭，每年都被单位评为"五好家庭"，言称"婆媳和睦"。但是，多年后人们才得知，这个所谓的"婆媳和睦"的五好家庭，婆媳之间没吵闹只是表象，实际婆媳双方痛苦极了，都感到十分压抑。最终这个主干家庭，还是分了家）。所谓"亦合"，是指婆媳即便不在一起生活，也要相互走动，相互牵挂，相互帮助（燕建志介绍，在其所接待的来访者个案中，凡和老人待在一起时间长的子女，问题就多，都会落个"不孝顺"的罪名；凡和老人待的时间短的子女，最后都是受益者——都有一顶"孝顺"的桂冠）。

关于老人之道，石太印提出，老年人和晚辈应多作换位思考，互相多一份关爱。老年人退下来之后，自然而然会有失落感、寂寞感，因而晚辈在日常除了对老年人给予物质赡养外，对老年人的精神赡养也是不可忘却的。关爱、孝敬老年人是爱的延续和储蓄，是善待自己的将来。而作为长辈，老年人也应体谅晚辈的现实困难。社会竞争激烈，晚辈要忙事业、忙家庭、忙学习，要承受来自工作、生活、家庭等多方面的压力，所以要为晚辈提供一个和谐宽松的家庭环境。石太印强调，老年人要保持在家庭中的吸引力，保持在儿孙心目中受尊重的地位，还要重视自身修养，以自己的一言一行为晚辈做好垂范和表率，大事面前不糊涂，家庭琐事则不斤斤计较，对人对事达观大度，这样既可换来自己的身心健康，也有利于家庭和睦。

（2015）

严重的问题是教育家长

人须终身学习，一生要接受三大教育，即家庭教育、学校教育、社会教育。无论是家庭教育，或是学校教育，还是社会教育，其核心都是立德树人，但不同阶段的教育的侧重点有所不同。家庭教育主要是人格教育、品德教育、敬畏教育、君子养成教育，教人如何做人；学校教育主要是知识和文化教育，教人学会专业知识、技能和文化，以适应和推动现代社会的发展；社会教育主要是实用教育，缺什么补什么。其中，家庭教育是打基础的，用印光大师的话来说就是，"治国平天下之要道，在于家庭教育"。

一

家庭教育的关键是家长教育。我国著名儿童教育专家陈鹤琴先生指出："儿童在没有进学校之前，一天到晚最亲近的人当然就是父母，父母的言语动作，最是儿童所习见习闻的。就是进了学校之后，放学回家，还是和父母在一块，如果父母的知识习惯好，儿童早已受到好的家庭教育，再加上学校教育，自然就相得益彰。父母的知识习惯不好，那么儿童在未进学校之前，无形之中早已养成不良的习惯，学校教育就算很好，也就收效甚微了。"陈鹤琴先生强调，父母的一举一动都直接或间接影响着孩子。所以父母是怎样一种人，他们的孩子大概也是怎样一种人。"所以讲到儿童教育，根本上还是要从父母教育讲起。""父母教养儿女，一定要以身作则。"所以说，父母好好学习，孩子天天向上。

我在网上看到这么一个熊家长和熊孩子的故事：某一年高考一结束，一位考生家长就找到招办投诉高考不公平，要招办给他儿子主持公道；理由是他儿子高考时把答案都写在草稿纸上，还没往答题卡上填写，卷子就被监考老师收走了，这对他儿子不公平，他要投诉。招办回复他说，高考收卷时间是固定的，怪不得别人。这位考生家长一看找招办没用，竟然去上访了，并且要求招办给他儿子赔偿 20 万，理由是他儿子本来应该考上名牌大学的。招办后来被逼得实在没办法，竟然同意把他儿子的草稿纸调出来看看。没想到他儿子的草稿纸跟其卷子一样，基本空白。不等工作人员说话，这位家长扭头就走了。原来这个熊孩子考试考砸了，想把责任推给监考老师，没想到这个熊孩子的爸爸更熊，于是就有了以上这一幕。

《齐鲁晚报》专门登过一篇文章，题目就是"'熊孩子'背后，常常有对'熊家长'"。该文提到这样一件伤心事：浙江一小伙耗时三天三夜，用上万块乐高积木拼出了《疯狂动物城》的"男主角"——一个高约 1.8 米的尼克狐。可他的心血在展出一个小时后就被一个四五岁的熊孩子推倒了。面对散落一地的乐高积木，可怜的小伙在微博上心酸地调侃："我感到十分沮丧，甚至开始怀疑人生。"虽然这个熊孩子的父亲已经为此事道歉，但很多网友还是说："道歉有什么用？家庭教育可不是一天两天的问题。"该文指出，要说熊孩子背后的"熊家长"，不光中国有，国外也有不少。"近日，美国一名 3 岁男童以赛亚进入辛辛那提动物园里的大猩猩'领地'，还被猩猩抓起脚踝拽进了水里，为保住以赛亚的性命，动物园工作人员只好开枪射杀了那只稀有物种银背大猩猩。这下外国网友'炸'了，网上甚至出现了'为什么妈妈不看管好自己的孩子？我希望死的是他，而不是大猩猩'这样的激愤言论。""随着网络舆论的发酵，孩子的父母也被'人肉'了出来。英国《每日邮报》网站报道，孩子的母亲叫米歇尔·格雷格，今年32岁，孩子的父亲迪欧尼则有盗窃、贩毒等大量犯罪前科。虽然迪欧尼当时不在动物园，但他仍招来了不少指责。而据美国有线电视新闻网（CNN）报道，一位目击者说，在以赛亚进入危险区域之前，母亲米歇尔多次告诉他'不要'，但忙着带其他孩子的她，还是没能看住这个胆大的熊孩子。""不可否认，父母监管的缺失，确实是造成这次事故的重要原因。辛辛那提警方日前宣布，已对这对父母展开调查。"该文强调，"调皮是每个孩子的天性，熊孩子本身是无辜的，但如果因为太出格以致损害了他人和社会的利益，其背后的'熊家长'就负有不可推卸的责任。如何以恰当的方式把熊孩子教育成懂事明理的好孩子，而不是缺乏管束或管束过头，恐怕是很多父母的一堂必修课"。

　　网上有一则新闻，讲了一位年轻母亲如何以恰当的方式教育其犯了错的孩子。一个四五岁的小男孩，在地铁里开心地又跑又跳，妈妈没拦住他，小男孩撞到了身边的叔叔阿姨，还打翻了手中的酸奶。孩子呆立在原地，这位年轻的母亲先是就孩子乱跑乱跳的行为批评了他，告诉他这样做的危险性；随后又叫他向旁边的叔叔阿姨说对不起，然后递给孩子纸巾，让他自己蹲下身去擦干净洒落的酸奶。孩子乖乖地做完了一切，小眼睛变得红红的，委屈的小模样让人心疼。这位年轻的母亲抱起了儿子，在他脸颊上亲吻了一下，对他说："勇于承担错误、知错就改，还是好宝宝。"旁边的人看到这一幕，都为年轻的母亲点赞。可见，这位年轻的母亲有着较高的素质，其教育犯错孩子的方式比较恰当；如果年轻的父母都能这样教育宝宝，那就会少很多熊孩子。

二

家长教育的核心是母亲教育。电视剧《那年花开月正圆》，既好看又充满正能量。第72集的重头戏是办女子学堂，孙俪扮演的周莹说了一段话，十分经典："让女孩子接受教育，其实比男孩子受教育更重要。一个男孩有知识有见地，那不过是他一人得利；而女孩都会成为母亲，成为一个家庭的主心骨，甚至是一个家族的支撑，那她一人的知识见地，就是全家之福，甚至是全民族之福。"

的确，母亲对子女的影响力要比父亲大得多。我国著名儿童教育专家陈鹤琴先生认为："父母与儿童的关系，分别地讲述起来，母亲和儿童更加亲密。因此，母亲教育和儿童教育的相关度也格外高。儿童在没有出世前十个月，早已受着母亲的体质和性情脾气的影响，出世以后一两年之间，无时不在母亲的怀抱，母亲的一举一动，都可以优先地印入儿童的脑海，成为极深刻的印象。"陈鹤琴先生强调："母亲如果受过良好的教育，她的习惯行动自然也就良好，在日常生活中，她的儿童就会随时随处受到一种无形的良好教育；反而言之，如果母亲的习惯行动不好，她的儿童就随时随处受到种种不良的影响。俗语说得好，'先入为主''根深蒂固'，母亲教育与儿童教育的关系，也就可想而知了。"

晚清民国时期的印光大师更是强调了母亲教育的作用。"印光常谓治国平天下之权，女人家操得一大半。良以家庭之中，主持家政者，多为女人，男人多持外务。其母若贤，子女在家中，耳濡目染，皆受其母之教导，影响所及，其益非鲜。""人之初生，资于母者独厚，故须有贤母方有贤人。而贤母必从贤女始。是以欲天下太平，必由教儿女始。而教女比教子更为要紧。以女人有相夫教子之天职，自古圣贤，均资于贤母，况碌碌庸人乎。若无贤女，则无贤妻贤母矣。既非贤妻贤母，则相者教者，皆成就其恶，皆阻止其善也。""以孟子之贤，尚须其母三迁，严加管束而成，况平庸者乎？以治国平天下之要道，在于家庭教育。而家庭教育，母任多半。以在胎禀其气，生后视其仪，受其教，故成贤善，此不现形迹而致太平之要务，惜各界伟人，多未见及。愿女界英贤，于此语各注意焉。"

　　印光大师专门解释了"太太"两字的含义："世俗皆称妇人曰'太太'，须知'太太'两字之意义甚尊大。查'太太'两字之渊源，远起周代，以太姜、太任、太姒，皆是女中圣人，皆能相夫教子。太姜生泰伯、仲雍、季历三圣人。太任生文王。太姒生武王、周公。此祖孙三代女圣人，生祖孙三代数圣人，为千古最盛之治。后世称女人为'太太'者，盖以其人比三太焉。由此观之，'太太'为至尊无上之称呼。女子须有三太之德，方不负此尊称。甚愿现在女英贤，实行相夫教子之事，俾所生子女，皆成贤善，庶不负此优崇之称号焉。"

　　可见，母亲在子女成长中的作用极其重要，责任重大，有人概括总结，认为母亲对子女成长的影响占据80%。母教不好，后果严重。我小时候听长辈讲过一个故事。有一个男子因盗窃杀人被判死刑，临刑前，他要求跟其母亲见一面。见面的时候，他突然对其母亲说："你将耳朵凑过来，我要跟你说句悄悄话。"那位母亲就将耳朵凑到了儿子的嘴边。谁知这个儿子一句话没说，上去死死咬住了母亲的耳朵，硬是将耳朵咬掉了半个。儿子恶狠狠地对其母亲说："如果我当初小偷小摸时，你揍我、管我，我就不会一步一步走向犯罪。今天这个结果，都是你一手造成的！"这个故事的真实性无法探寻，因为长辈也是听来的。但是这个故事却告诉我们一个道理，母亲是影响孩子一生的关键。

网上还有这么一个案例。某人参加一场婚宴，她坐的那张桌子上，小孩子特别多，她旁边是一个十一二岁的男孩。每道菜一上桌，男孩就赶紧抢；特别是遇上他爱吃的，干脆就死按着盘子不撒手，或者端起盘子都扒拉到自己的碗里。男孩的母亲就坐在他旁边，对这种情况视而不见。有人实在看不过眼，笑着对那位母亲说："这孩子胃口真好！"母亲没听出弦外之音，笑呵呵地说："是的，不用操心了。以前也不行，跟着出来吃宴席，什么都不拿，真是气死我了，回去就骂一顿，现在好了，什么好吃什么。"这位母亲说得一脸得意，别人则听得目瞪口呆，也不用奇怪孩子在桌上的不良表现了。一个低素质的母亲教出了一个熊孩子。

优秀的母教，是未来中国之希望。企业家许仰东先生一篇叙述其真实经历的文章，让人看了以后十分感慨，摘录如下："我登上3月28日上海飞悉尼的航班。刚登机，空姐就送上了巧克力和一封《致歉信》。信的全文不长，但很真诚——

各位爷爷奶奶、叔叔阿姨们：

晚上好！

我是一个刚满6个半月的小宝宝，在此向你们请安了！

今天有幸和你们同乘一个航班去悉尼，在乘机过程中也许我的哭闹会影响到大家的休息，对此我深感不安和歉意。我妈妈会尽可能地安抚好我，请大家多多包涵！谢谢大家！

红色的《致歉信》和爱心巧克力，放在我的面前，对于我这样一个常在旅途的飞行客还是第一次。

一次平常的旅行，变得有点不平常。才6个月的孩子，第一次出远门，10多个小时的飞行，即使在旅途中哭闹，也是正常的事。

这是一封不该致歉的致歉信。它不仅让人敬畏文明的高度，更感动于如此多远行准备中对同机陌生旅客的礼貌、关爱和友谊。

我看到一位外国乘客与我一样，把这封《致歉信》放进了公文包。我相信，他一定也是在珍藏这次旅途中的特别的记忆，以及一位中国母亲对孩子的态度。

我祝福那位才6个月的婴儿，拥有这样的母亲，应该是他人生最大的幸运。"

许仰东先生强调："有其母必有其子。那个仍在母亲怀里的婴儿，应该是未来中国文明进程中的一分子，那封由他母亲代写的致歉信，既是他人生第一次远行世界的记录，也是他走向世界的第一次'胎教'。"

当然，父亲对子女的影响也很重要。那么，父亲应如何发挥作用呢？我赞同李玫瑾教授的观点：最好的家庭关系是母亲爱孩子，父亲爱母亲，母亲和孩子一起爱父亲，而父母关系越好，一个孩子的性情就越好。"妈妈在做饭，爸爸给她捶背，孩子看在眼里会特别幸福、快乐；相反，家里就妈妈一个人操劳，爸爸什么都不管，还跟妈妈打架，妈妈一会儿温暖、一会儿暴躁的不稳定情绪就会带给孩子。"

三

回顾历史，同样如此。我们从历史故事中可以看到，家风好，家长优，则家族兴旺发达；家风坏，家长劣，则家族衰弱败亡。

暮夜却金的"四知先生"杨震，是东汉时期的名臣，他治家严谨，以"清白吏子孙"作为家训严格要求后人，清白家风代代传。根据中央纪委网站"中国传统中的家规"专栏的介绍，杨震一生为官清廉，从来不肯私下接见任何人，就是家里的人，也不准他们询问他的公事。他后来官至太尉，除了应得的薪饷，所有的收入，一律归公。出门的时候，他坚持步行或用自己的交通工具，不乘坐公家给他准备的车子。杨震正是以自己的言行作则，教育子孙们要节衣缩食、省吃俭用。有人见他这样清廉，做了朝里的大官，家里还是那样的清苦，就劝他购置些产业。杨震却说："使后世称为清白吏子孙，以此遗之，不亦厚乎？"

古人云，"不受曰廉，不污曰洁"。杨震始终以"清白吏"为座右铭，严于律己，对子女也一样严格要求。那么，以清白传家的杨震，他的后人为人如何，会有怎样的成就呢？

翻阅杨震后裔的人生轨迹，他的子孙们深受做"清白吏"的家风影响，个个都博学而清廉。他的五个儿子都以"清白吏"而誉满天下，特别是杨震的第三子杨秉自律极严，以"三不惑"（不饮酒、不贪财、不近色）而闻名于世，人们赞其为"淳白"。杨秉的儿子杨赐，杨赐的儿子杨彪，据《后汉书·杨震列传》记载：自震至彪，四世太尉，德业相继，代代"能守家风，为世所贵"。

到了北宋，杨氏后人中出现了著名思想家杨时。杨时一生官显名扬，但他非常廉洁，奉法爱民，"不枉费公家一钱"。北宋抗辽名将杨业也是杨震的后裔，以杨业为代表的杨家将，精忠报国，满门忠烈，个个都是清明正直的英雄。到了南宋，出现了爱国诗人杨万里，他也是一个清正廉洁的好官。他退休回乡后，家里只有父亲留下的一栋老屋，仅可遮风避雨，被宋宁宗称为"当今廉吏"。杨士奇则是明朝的杨氏后人，曾辅佐明朝四位皇帝，可谓官高权重，可他从来不谋私利。他虽在京为相几十年，但他的妻子却一直在老家以农耕为生。

到了今天，虽然社会发生了巨大的变化，但杨震为后人留下的"清白家风"，依然是家族兴旺发达的法宝。

与杨震相反，西晋开国元勋何曾，"身为僭侈，使子孙承流，卒以骄奢亡族"，"何氏无遗种"（司马光语）。根据姜鹏博士的介绍，何曾在魏晋之际，权势煊赫，门庭鼎盛；但是他尚奢豪，求华侈，他每天用于饮食的钱财超过万钱。即便如此，他仍然感到味道不佳，说无下箸处。更糟糕的是，何曾没教好子孙。从家族史的角度看，何氏子孙遗传了何曾崇尚奢华的"基因"，并将奢华升级，从日食万钱，上升到日食二万。

《资治通鉴》第八十七卷这样记载："绥，曾之孙也。初，何曾侍武帝宴，退，谓诸子曰：'主上开创大业，吾每宴见，未尝闻经国远图，惟说平生常事，非贻厥孙谋之道也，及身而已，后嗣其殆乎！汝辈犹可以免。'指诸孙曰：'此属必及于难。'及绥死，兄嵩哭之曰：'我祖其殆圣乎！'曾日食万钱，犹云无下箸处。了劭，日食二万。绥及弟机、羡，汰侈尤甚；与人书疏，词礼简傲。河内王尼见绥书，谓人曰：'伯蔚居乱世而矜豪乃尔，其能免乎？'人曰：'伯蔚闻卿言，必相危害。'尼曰：'伯蔚比闻我言，自已死矣！'及永嘉之末，何氏无遗种。"（意为：何绥是何曾的孙子。当初，何曾曾在武帝司马炎的宴会上侍奉，离开宴会后，对儿子们说："皇上开创伟大的基业，我每次参加他朝会之余的召见，从没有听到治理国家的长远打算，只是听他说平生的一些日常事情，这不是替子孙后代考虑的做法。他只能自保无虞，他的后代子孙就危险了呀！你们还能够免祸。"指着孙子们又说："他们一定会因此受难。"何绥死后，哥哥何嵩哭着说："我们的祖父大概是圣贤吧！"何曾生活奢侈，吃饭一天要耗费万钱，还说没有下筷子的地方。儿子何劭，一天吃掉二万钱。何绥和弟弟何机、何羡，更加奢侈，何绥给人写信，用词非常傲慢。河内人王尼看到何绥写的信，对人说："伯蔚（何绥字伯蔚）身居乱世还这样自负傲慢，难道能免祸吗？"听的人说："伯蔚听到你的话，一定会害你。"王尼说："只怕伯蔚还没听到我的话，他自己就先死了。"等到永嘉末年，何氏一家已经没有子孙留存于世了。）

司马光的评论是：何曾议武帝偷惰，取过目前，不为远虑；知天下将乱，子孙必与其忧，何其明也！然身为僭侈，使子孙承流，卒以骄奢亡族，其明安在哉！（意为：何曾说晋武帝苟且懒惰，只顾眼前利益，不为长远考虑，他知道天下将要发生变乱，子孙一定会因此受牵连，多么英明！但是他超越本分、奢侈无度，使子孙效仿继承这坏毛病，最后因为骄傲奢侈而亡族，这英明又在哪里呢？）

在政局动荡之际，何氏家族逐渐走向衰弱，最终不仅完全退出政局，后来连生存下来的都没有了（何曾死于278年，永嘉结束于313年，前后最长只有35年，就"何氏无遗种"了）。何嵩哭何绥的话语，可以明显反映出何氏家人将这种衰弱归咎于时代的混乱。司马光却将何氏家族的败亡从当时实际的政治局势中割裂出来，将其归罪于何曾；何曾的负面示范致使其家族奢侈、傲慢，不懂治家之道。

曾国藩有句名言："天下古今之庸人，皆以一惰字致败；天下古今之才人，皆以一傲字致败。"（意为：庸庸碌碌的人因为懒惰而导致一事无成，而那些天赋异禀的高手，却常常因为骄傲而失败。）后来曾国藩将其概括为8个字："败人两字，非傲即惰。"就何氏家族的走势来看，从何曾到何劭，再到何绥，本事、品行、人缘都不见长，唯奢靡之风见长。不仅如此，何绥兄弟成人仕宦之后，不仅继承了祖、父两辈人的奢侈之风，还变得更加傲慢、无礼，在给他人的书信中频频透露出这种倨傲的气息。故而有见过这些信的人评论说，何绥生活在这样的乱世，却矜夸、自恃如此，这不是给自己找麻烦嘛！所以说，这样的家族即便生活在太平盛世，也未必能持久。司马光把何氏家族的败亡归因于其家族自身（不懂治家之道），而不是归因于混乱的时代，是非常有见地的。

（2019）

成才·生命·沟通

——在 2020 年 10 月 25 日重阳节主题活动暨
"隔代养育智慧丛书"新书发布会上的发言

今天是重阳节，祝在座的各位老年朋友身体健康、家庭幸福、天天开心！围绕这次活动，我想讲三个关键词。

第一个关键词是"祝贺"。祝贺上海家长学校"隔代养育智慧丛书"的出版，这套"隔代养育智慧丛书"是国内首套运用多学科、多视角、多层面来研究并指导祖辈养育的通俗读物。这套丛书有三个特点：第一，案例丰富。这些案例都来自祖辈养育的第一线，非常接地气。第二，建议实用。丛书里面的很多建议都非常实用，比如说，明确提出在养育孩子的过程中，我们的祖辈只能当配角，不要去争当主角，主角还应该是父母。再比如，明确提出祖辈自身的成长问题，我印象特别深刻的是"三支温度计"的建议——老年朋友应该备有三支温度计。第一支是身体的温度计，老年朋友要以自己的身体健康为中心。珍惜自己的健康，是对家庭和子女负责的表现。第二支是情绪的温度计，要心态平和，心情舒畅，天天有个好心情。微笑能延缓衰老，微笑也是老年朋友送给儿孙最好的礼物。第三支是信念的温度计。我们知道，实际上不管做大事还是做小事，一个人如果有信念的话，成功概率会高很多。所以，我们的老年朋友要对你的家庭有信心，对你的儿女有信心，对你的孙辈有信心。如果信心满怀的话，我相信你的内心定会充满阳光。第三，理论扎实。这套书明确提出家庭教育的核心在于家庭人际关系的处理，这是理论界的共识，我非常赞同这一点。家庭里的第一关系就是夫妻关系，亲子关系是从夫妻关系衍生出来的，祖辈与孙辈的关系则是对亲子关系的补充。家庭关系处理好了，家庭就和谐，"家和万事兴"。

这套丛书除了这三个特点以外，还有一个核心词，即"智慧"，其所探讨的重点是隔代养育的"智慧"。智慧不同于知识，这两者之间有三个区别。第一，知识主要是指科学知识，包括自然科学知识和社会科学知识，智慧则主要是指人文智慧。第二，知识是"向外学、向外求"，智慧是"向内悟"。"悟"这个字大家都很熟悉，就是"心"边上一个"吾"，也就是"我的心"。什么意思呢？就是通过"悟"来找回自己的那颗本心，用王阳明"心学"语言来表达的话，叫做"致良知"。《孟子》里面有一句话，"学问之道无他，求其放心而已矣"（意思是，学问之道没有别的什么，不过就是把那走失了的本心找回来罢了）。第三，知识是必须不断更新的，而智慧则是永恒的。所以我认为这套隔代养育的智慧丛书不仅现在对老年朋友很实用，到2035年、2050年对老年朋友也还有价值。

第二个关键词是"感谢"。首先感谢以乐善耀老师为主编的作者团队。乐老师是上海教科院家庭教育的专家，理论基础扎实，而且实践经验也非常丰富，有着15年的育孙经历，这为本套丛书的编写提供了理论和经验的保障。第二个要感谢的是上海人民出版社和上海远东出版社。他们组建了一支非常精干的编辑团队，包括责任编辑、美编等，所以我们今天才能看到这样一套内容充实、外观漂亮的书，并将它作为重阳节的礼物送给在座的各位。第三个要感谢的是为这套丛书提供案例的祖辈们。我们通过"育孙宝"这个公众号面向全国发了征稿启事，汇聚了大量来自一线的案例，很感谢大家的支持和积极响应。没有你们提供的这些案例，我们这套丛书也不可能顺利出版。最后，还要感谢上海开放大学非学历教育部从事家庭教育的团队，他（她）们工作很努力，也很有成效。

第三个关键词是"回答"。本套丛书主要是对当前家长（包括父母和祖辈）普遍关切和焦虑的三个问题作出初步的回答。

一是关于成才观的问题。怎么样算成才？是不是一定要考上清华、北大才算成才？当然不是。我非常赞同俞立中老师提出的"成才的底线思维"这个观点。俞老师曾经担任过上师大、华师大和上海纽约大学的校长，他认为只要达到下面三条，就可以算成才了。第一条是身心健康。那么，怎么样才能达到身心健康呢？要加强生命教育。第二条是正派诚信。那么，怎么样才能达到正派诚信呢？要加强道德教育，"立德树人"就是这个意思。关于道德问题，在中华优秀传统文化中，大家比较熟悉的就是"八德"——孝、悌、忠、信、礼、义、廉、耻。王阳明的《训蒙大意示教读刘伯颂等》提出，"今教童子，惟当以孝、悌、忠、信、礼、义、廉、耻为专务"。十九大中纪委工作报告更是强调这"八德"就是中华文化的基因。所以"八德"是不能忘掉的。第三条是自食其力，即通过自己的劳动能够养活自己和家庭。这就必须加强职业和技能教育。这里须分析一下《论语》中的一句话"君子不器"。器是器具，其功能是单一的，比如说农民用来锄地的锄头，它不能用作木工的锯子。"不器"的"不"，不应理解为"不是"，而须理解为"不光"。所以在"君子不器"前面应该加上四个字——"君子必器"。我们首先得通过从事某一种职业，或某一项工作，来养活自己以及家庭，不做"啃老族"，这是必要条件。在此基础上，"君子不器"，见识远，格局大，用范仲淹的话来讲，叫"先天下之忧而忧，后天下之乐而乐"，为社会做贡献。"君子必器"是前提，"君子不器"是提升，四个字变成八个字，现实操作性会强很多。

二是关于生命教育的问题。有三点须强调一下。

第一点是如何理解生命。生命可以从三个维度来看：第一个维度是自然生命，也叫肉体生命，关注的是生命的长度，它的关键词是健康、长寿；第二个维度是社会生命，或者说伦理生命，重视的是生命的宽度，它的关键词是贡献和幸福；第三个维度是精神生命，也叫人文生命，强调的是生命的高度，关键词是超越和奉献。这是三维的生命观。

第二点，对孩子来说，生命教育的重点是珍惜生命，珍爱生命。生活不等于生命的全部，在生活中遭遇挫折或者感到不如意，那只是生命中的一小段经历；在这段经历过去之后，回头来看，你会淡然一笑，它还能丰富你的生命内涵。所以千万不要让生活遮蔽生命，千万不要想不开，千万不要做傻事。

第三点，对祖辈们来说，要坦荡地面对死亡，对死亡要有一颗平常心。我特别向大家推荐陶渊明《神释》中的四句话："纵浪大化中，不喜亦不惧。应尽便须尽，无复独多虑。"季羡林老先生的座右铭就是这四句话。"大化"，就是从生到死的自然过程；"纵浪"，顺其自然、无拘无束就好了；"不喜"，就是不要太高兴；"不惧"，是说不要太恐惧。"应尽便须尽，无复独多虑"，是说命有定数，该"走"的时候就"走"吧，不用太多思虑。有如此心态，这个人很是洒脱。所以人生就是一个"生寄死归"的过程，"生寄"就是我们寄养在人世间，"死归"就是回归大地。这里的关键是"生寄"——你怎么寄养在人世间？我想了四句话送给同志们——"有始有终地学习，有声有色地工作，有滋有味地生活，有情有义地交往。"你的一生中如能做到这四条，也就不虚此生了。

三是关于亲子沟通的问题。在亲子沟通中，要反对三种不好的现象。

第一种是不尊重孩子，不把孩子作为一个独立的个体，不分场合地批评孩子。有四种情况，我觉得不应该。一是在众人面前批评孩子，这会伤害孩子的自尊心；二是在吃饭的时候批评孩子，这会影响孩子的消化；三是在睡觉前批评孩子，这会影响孩子的睡眠；四是清晨一起来就批评孩子，这会影响孩子一天的心情。这四种情况尽量不要发生。尤其要强调的是，在亲子沟通中，部分父母脾气上来后，还会使用暴力，这是更加错误的。

第二种不好的现象是替孩子做他应该自己完成的事。有些事情必须由孩子们自己去完成，有些力所能及的劳动孩子们是可以从事的，长辈不要替代他（她）去做，要让孩子们从小热爱劳动，完成自己的任务，增强其责任心。

第三种不好的现象是溺爱孩子，过分迁就孩子，甚至发展到孩子提出摘月亮，家长也会想方设法去帮他摘。

可以看到，这三种不好的现象有一个共同的特点，那就是人格不平等。第一种不好的现象是长辈的人格高于孩子的人格，后两种不好的现象则是孩子的人格高于长辈的人格，本质上都是人格的不平等。所以我想强调一个说法——"一树三反"，"一树"即树立人格平等的理念，"三反"即反对暴力、反对替代、反对溺爱。

（2020）

六个"坚持"

——推进上海家长学校的六个工作原则

上海家长学校在上海开放大学成立已有近两年了。近两年来，我们服务家长，关注家庭，护航青少年健康成长，受到社会各界的赞誉。我们有六方面的工作体会，这也是深入推进上海家长学校必须坚持的六个工作原则。

一是坚持党的全面领导

上海家长学校紧紧围绕习近平总书记关于家庭教育的重要论述展开工作，贯彻落实市委市政府关于"做好家庭教育"的相关要求和任务，在市教卫党委和市教委领导下，始终坚持正确的政治方向和舆论导向。自成立以来，上海开放大学党委和行政班子高度重视，学校经费到位，有专门部门和专人负责，秉持"父母好好学习，孩子天天向上"的宗旨，聚焦社会关切，关注家长所需，提供科学指导。

二是坚持以家长为中心

上海家长学校的直接服务对象是千万个家庭，始终把以家长的需求为中心作为工作信条，关注不同阶段、不同家庭中家长的家教需求。我们把"成才观""生命教育""亲子关系"三大焦点问题作为家长学校工作的着力点，以正确的理念帮助家长树立全面的成才观，引导家长加强对孩子的生命教育，指导家长学会和孩子有效沟通，从而打造家长学校品牌。

三是坚持发挥系统作用

经过近两年的努力，上海家长学校充分发挥上海开放大学系统建设的作用，已经初步构建起一个家、校、社联动的家庭教育服务体系，在全市范围内布局"1+21+X"上海家长学校联盟。在此基础上，家长学校把培育上海家庭教育的"种子校"作为重要的工作指向，以起到示范作用，从而深化家、校、社协同育人机制，并通过上海开放大学系统的触角，以方便家长、服务家长、满足家长。2021年举办了首届家庭教育活动周，线上线下同步推进各类指导、咨询活动108项。2021年还举办了"长三角家庭教育论坛"，推动长三角地区家庭教育协同发展。

四是坚持强化指导服务

远程教育是上海开放大学的特色，上海家长学校通过线上和线下相结合的形式推进各类教育培训，拓宽指导服务渠道。一是利用信息技术，打造全方位"空中课堂"，尤其是在新冠疫情防控期间，"停工不停学"，与广大家长线上相见。2020年共开展了25期线上直播，吸引了全国近500万人次参与；2021年30期"在线课堂"共服务1 160万人次；"智慧父母成长课堂"电视节目惠及百万家庭；"家长服务热线"覆盖770万人次，此项目获2021年上海市未成年人暑期优秀活动项目。二是线下推出系列化培训，分层分类推进家庭教育培训工作，覆盖申城16个区，采取"五进"策略，进学校、进社区、进企业、进楼宇、进家庭，取得了良好的示范效应。

五是坚持注重队伍建设

主要抓好两支队伍的建设：家庭教育领域专家队伍和家庭教育

指导师队伍。专家队伍是上海家长学校的智库和核心力量。目前，我们吸纳了家庭教育领域的一批研究者和实践者。他们中有来自高校和有关机构的研究者，有来自中小学的校长和一线教育工作者，还有基层家庭教育工作者等。家庭教育指导师队伍是上海家长学校的中流砥柱，2020 年我们开办了四期指导师培训，覆盖了来自各级各类学校、家长学校分校、妇联等社会团体及社会机构的相关工作者 400 余人，为上海家庭教育发展输出了一批专业力量。2021 年 24 期线下培训班，共培育家庭教育指导师和志愿者 2 725 人。

六是坚持深化理论研究

上海家长学校现已出版《隔代养育智慧丛书》5 本，《智慧父母成长手册》5 本，《家庭教育指导丛书》5 本，《家政教育系列丛书》8 本以及《智慧父母成长课堂》5 本。在这些丛书和手册中，我们通过多学科、多视角、多层面来研究并指导家庭教育，以丰富的案例、实用的建议、扎实的理论、深刻的思考，来帮助广大家长更好地化解家庭教育焦虑和困惑。2022 年，我们将依托上海开放大学家庭教育研究院，着眼于全局性、关键性、创新性问题，积极申报研究项目，形成一批有深度、有见地、可操作、有实效的研究成果，来指导实践发展。

（2021）

上治下治　向上向善

——王羲之、金庭王氏及其家训

　　我的网名叫"金庭人"。有友人问我，为什么叫"金庭人"？我的回答是"我出生在金庭，我是金庭人"。此"金庭"位于浙江绍兴的嵊州市。东晋永和十一年（355）三月，会稽内史王羲之（字逸少）称疾辞郡，和妻子郗璇带着十七岁的六子王操之和十二岁的幼子王献之及一些孙儿、孙女来到新建的金庭庄园，过晚年逸民生活。王羲之为金庭王氏一世祖，王操之为二世祖。金庭庄园是金庭王氏 1 600 多年来赖以繁衍生息的基础，金庭王氏在此子孙繁衍，自王羲之已有五十九世。

一、王羲之的三重生命

　　生命有三重属性：自然生命、社会生命、精神生命。自然生命主要关注人得以存活，并且更好地存活于世间的生理需求，重点是寿命和健康两个问题。社会生命强调个体对社会的影响力以及影响范围的大小，而制约社会影响的因素，则有个体的社会角色、社会关系、社会贡献等。精神生命是人的思想和精神的存在，它作为生命的三个维度中最难把握、似有似无的存在，却坚定地撑起了生命，使人成为超越一切其他物种，甚至超越天地、横亘古今的生灵。

1. 王羲之的自然生命

王氏一族以周灵王太子晋为始祖，后分为太原王氏、琅琊王氏等。琅琊王氏一脉名士辈出，到王羲之的祖父辈，出了王祥和王览。王祥至孝，"卧冰求鲤"传为美谈。王览生有六子：王裁、王基、王会、王正、王彦、王琛。长子王裁生王导，四子王正生王旷，王旷生王羲之。司徒王导被后裔尊为乌衣大房一世祖，心学宗师王阳明系王导后裔。王羲之是王导的堂侄，其祖父王正做过尚书郎，父亲王旷做过淮南太守。元帝司马睿过江，是王旷最先提出的建议。王羲之幼时说话木讷，人们并不觉得他有什么超出常人之处。十三岁时，王羲之曾去拜见周颛，周颛仔细观察后，认为他非同寻常。当时，酒席上烤牛心这道菜最为珍贵，客人们还未品尝，周颛先割下一块递给王羲之，从此王羲之开始显名于世。成年后，王羲之能言善辩，以"骨鲠"（耿直刚正）著称，尤其擅长隶书，达到前无古人的地步，评论者称赞他的笔势像浮云一样飘忽，像惊龙一样矫健。堂伯父王敦、王导十分器重他。当时陈留人阮裕负有盛名，为王敦的主簿。王敦曾对王羲之说："你是我们家的好子弟，将来不比阮主簿差。"当时太尉郗鉴派门生去王导家挑选女婿，王导让他前去东厢房挨个观看王家子弟。门生回来后，对郗鉴说："王家子弟都很好，可是听到选女婿这个消息，全都显得拘谨不大方，只有一个人在东床上袒胸露腹地吃东西，好像不知道一样。"郗鉴说："这正是我要选的好女婿。"郗鉴探问得知，这个人正是王羲之，于是就将女儿郗璇嫁给了他。婚后，郗璇成为一个贤妻良母，共育有八个子女：王玄之、王凝之、王孟姜（女儿）、王涣之、王肃之、王徽之、王操之、王献之。女孟姜，嫁刘畅，其女嫁车骑将军谢玄的儿子谢瑍，生山水诗人谢灵运。

王羲之酷好服食丹药保养身性，他不乐意住在京城，初到浙江，便打算长住终老。会稽山清水秀，众多名士居于此地，谢安未做官时也隐居在此。孙绰、李充、许询、支遁等人都以文章著称于世，他们一同在会稽山水间筑屋安居，与王羲之志趣相投。

永和九年（353），江东发生旱灾、瘟疫，作为会稽内史的王羲之不忍见民生涂炭，向当时的会稽王司马昱提出了免征田赋、开仓赈济等一系列安民主张，然而司马昱不但不听，反而命人出兵北伐，并为此追征税赋。王羲之劝阻未果，十月殷浩北伐告败，王羲之遂在该年冬称疾辞郡。深知其"骨鲠"本性的会稽王再三挽留后，终于同意其"使自表求解职"。永和十一年（355）三月，王羲之去官归金庭，开始逸民生活。择良辰"三月九日"这一天，在金庭庄园新居内摆筵设席，祭祀父母，作《自誓文》，发誓"止足之分，定之于今日"，永不为官。

王羲之辞去官职后，与吴越之地的名人贤士一起尽情游玩于山水之间，以钓鱼射猎为乐。又和道士许迈一同服食丹药，修炼身心。为采选药石，他不远千里，遍游东南各郡县，访尽名山，泛舟沧海，他感叹道："我最终会快乐而死。"

王羲之在金庭庄园过田园生活，有三方面内容：一是携儿抱孙在田园中享受天伦之乐。二是教养子孙，以汉朝石奋父子为榜样。石奋父子有道德有学识，举策数马，办事严谨，又懂得止足之分，适时还田，尽颐养之乐，被后人颂为"万石之风"。三是经营庄园，获得"抚掌之资，其为得意，可胜言邪"。能够这样做，则"老夫志愿，尽于此也"。

王羲之信奉道教，认为服食药石可以成仙得道，延年益寿，但药石并没有使王羲之长生不老，相反损害了他的健康。由于长期服食药石，各种疾病并发而生，一会儿腹泻，一会儿便秘，肠胃功能紊乱不堪，又加之断谷绝脯，王羲之骨瘦伶仃。后来发展到全身浮肿，手脚麻木，胸闷气短，不欲食、不欲眠，直至筋疲力尽。升平五年（361），王羲之五十九岁时卒，葬于金庭瀑布山。

2. 王羲之的社会生命

王羲之刚出仕时担任秘书郎。征西将军庾亮请他做参军，后升为长史。庾亮临死，上书朝廷，称道王羲之"清贵有鉴裁"（清高尊贵有见识）。于是朝廷提升他为宁远将军、江州刺史。王羲之少负美名，朝廷公卿无不喜欢其才气，多次召他任侍中、吏部尚书，王羲之都推辞不就。又授予护军将军之职，也拖延推辞不就职。后经过殷浩劝说，王羲之担任了这一重要官职。王羲之出任护军将军后，极力请求调任宣城郡太守之职，朝廷不许，任命他为右军将军、会稽内史。其时殷浩与桓温不和，王羲之认为国家的安定在于内外团结和睦，因而写信告诫殷浩，殷浩不听。殷浩兴兵北伐，王羲之认为必败无疑，写信阻止殷浩，言语十分恳切。后来殷浩率兵北伐，果然被姚襄打败。殷浩企图再次北伐，王羲之又送信给殷浩进行劝阻，即《遗殷浩书》，但这对擅长玄谈而无军事才能的殷浩，没有起到应有的作用。

王羲之忧心如焚，便又写信给会稽王司马昱，这就是所谓的《与会稽王笺》。司马昱是辅政亲王，在朝廷中有很高的地位和实权，王羲之在《与会稽王笺》中论及时事，陈述了不宜北伐的理由，并希望司马昱对殷浩再举北伐提出忠告，加以劝阻。

王羲之《遗殷浩书》483字，《与会稽王笺》559字，是他留世的众多书信中言词最激、文字最长的两封信，说北伐"不亡何待"，又比之为"秦政"，"恐胜、广之忧，无复日矣"，称北伐为亡国败举。《遗殷浩书》和《与会稽王笺》析理透彻，充满激情，切中时弊，抨击了朝政，在当时是很危险的。然而，他从大局出发毫不顾忌，虽"取怨执政"，仍"尽怀极言"，这不但显示了他在政治上敏锐的洞察力以及非凡的军政才能，而且表现了一个爱国主义者的人文情怀。史载王羲之以"骨鲠"称，其书信之中不但见其非凡的军政见识，更表现了他的无畏与坦荡，就如明代张溥所言："此数札者，诚东晋君臣之良药。"王羲之对北伐不是一概地反对，也不是一概地支持，而是审时度势。他早有收复中原之志，之所以反对殷浩北伐是因为殷浩动机不纯，各方面条件不具备。在重大问题面前，王羲之不是凭一时的感情冲动作出判断，不愧为有远见卓识的政治家。

王羲之关心下属，关注民生，《诫谢万书》就是证明。这一封信告诫谢万要与士卒同甘共苦，不要浮华奢侈，不要搞特殊化，要多体贴手下将士，不要骄傲；不要轻视小事情，要从点滴小事做起。这体现了王羲之为官的特点，即对下属体贴关怀，能体察下情，重视民众疾苦；对上司绝无阿谀之色，又能倾心直谏，有优良的执政风格，这一点正是谢万所缺少的，故王羲之苦口婆心，嘱以肺腑之言，希望他能转变作风。谢万不用，果败。

王羲之居官31年，历任临川太守、江州刺史、宁远将军、护军将军、会稽内史和右军将军等职，为官注重民生，针对地方时弊，实行过禁酒令，改革漕运，减轻赋税，开仓赈灾，颇有政声。他任会稽内史期间，常探访民间疾苦。一次路遇一位老妇人在卖当地产的六角竹扇，扇子非常简陋，即使卖得很便宜依然无人问津。老妇人满面忧愁，王羲之见状非常同情，于是提笔在扇子上写下五个字。老妇人不识字，见他写得潦草，怪他写坏了自己的扇子。王羲之安慰她说，告诉买扇的人这是王右军的书法，要卖一百钱。果然，人们争相抢购，扇子很快售完。

王羲之是一位政治家、军事家，看到这一点的人并不多，研究得也不够。宋代洪迈在《容斋随笔》中列举了王羲之对北伐的真知灼见后，不胜感慨地说："其识虑精深，如是其至，恨不见于用耳。而为书名所盖，后世但以翰墨称之……则一艺之工，为累大矣。"洪迈的话是符合实际的。明代徐文长也说："王羲之以书掩其人，王守仁则以人掩其书。"其意为：王羲之的书法境界很高，被称为"书圣"，人们想到他一般只会想到他的书法，却忽视了他在政治和军事方面的才能；王阳明的心学功夫很高，而且知行合一，建功立业，被称为"明朝第一奇人"，但人们却忽视了他的书法也是独具一格的。

王羲之对官职看得很淡，不求虚名。当他五十九岁谢世后，晋穆帝哀赠其"金紫光禄大夫"，王羲之的子女们遵照其生前意愿固让不受。历史是公正的，后人对王羲之的人品给予了很高的评价，如元代书法家赵孟頫在《识王羲之〈七月帖〉》一文中称："右将军王羲之，在晋以骨鲠称，激切恺直，不屑屑细行。议论人物，中其病常十之八九，与当道讽谏无所畏避，发粟赈饥，上疏争论，悉不阿党。凡所处分，轻重时宜，当为晋室第一流人品，奈何其名为能书所掩耶！书，心画也，万世之下，观其笔法正锋，腕力遒劲，即同其人品。"赵孟頫对王羲之的人品和书品给予了很高评价，同时又对"书圣"之名掩盖其政治家身份颇感遗憾，这一看法与洪迈、徐文长的说法是一致的。

3. 王羲之的精神生命

王羲之喜欢鹅，山阴有个道士养了一群好鹅，王羲之前往观赏，非常喜欢，再三要买他的鹅。道士说："你给我书写《道德经》，我就把这群鹅全都送给你。"王羲之欣然答应，书写完《道德经》，把鹅装在笼子里带回去了，非常快活。他就是这样任性、率真、不做作。

王羲之三十岁时社会上就出现了"王书热"，足见其书法过人。历史上常有这样的天才人物，青少年时代脱颖而出，才华横溢，但逐渐沾沾自喜、懈怠满足起来，故而昙花一现，以后便无声无息了。王羲之则一生对艺术执着追求，孜孜不倦，精益求精，不断地创新改体，立志超越前人、超越同辈、超越自我。经过几十年奋斗与努力，他的书法艺术终于在东晋一枝独秀，在书法史上独领风骚。

王羲之曾说："我的字与钟繇比，可以和他并行；与张芝的草书相比，也可以与之同列。"他在给友人的信中说："张芝在水池边学写字，池水都被墨汁染黑了，如果人们都像他那样用心，写得也不会比他差。"王羲之的字刚开始没有庾翼、郗愔好，直到晚年才达到妙境。他曾用章草写信答复庾亮，庾翼见信大为赞叹钦佩，于是给王羲之写信说："我早年有十张伯英（张芝）的章草真迹，过江时颠沛流离，丢失干净，我本来感叹绝妙真迹再也不见于人世。现在忽然看见足下答复家兄的书信，光彩焕发，有如神明，顿时觉得像看到原来的书法。"

唐太宗撰写的《王羲之传赞》说："所以详察古今，研精篆素，尽善尽美，其惟王逸少乎！观其点曳之工，裁成之妙，烟霏露结，状若断而还连；凤翥龙蟠，势如斜而反直。玩之不觉为倦，览之莫识其端。心摹手追，此人而已。其余区区之类，何足论哉！"南朝的羊欣在《采古来能书人名》中则用"古今莫二"来评价王羲之的书法。

刘惔任丹阳尹时，名士许询曾到刘惔家住宿，床被帷帐豪华秀丽，饮食丰盛，滋味甘美。许询说："如果长久保持这种享乐，远胜过隐居东山。"刘惔笑道："足下如果明白吉凶由人定，那我怎会不保住它呢？"王羲之在座，冷眼相对，说："假使巢父、许由遇到稷和契，肯定不会说出这样的话来。"刘惔、许询两人都面露愧色。

谢安曾对王羲之说："人到中年以后，为哀乐情绪所伤，辞别亲友，心里往往要难受好几天。"王羲之说："人到老年，自然容易伤情。近来我正想用音乐来陶冶性情，排遣忧闷，常担心被儿孙们发觉，破坏了欢乐的情趣。"

王羲之的一生可以说是"为政学陆贾，行道学班嗣，死后效杨王孙"。陆贾是汉初政论家、辞赋家，官至大中大夫，他认为武力可以夺取政权，却不能单靠它来维持政权。他向汉高祖提出："居马上得之，宁可以马上治之乎？"陆贾提倡儒学，主张"行仁义，法先圣"，并辅以黄老的"无为而治"作为治国之道。陆贾的行政思想是儒道并兼的思想，王羲之依陆贾处世，即依陆贾的政见处世。班嗣，东汉扶风安陵（今陕西咸阳东北）人，是著名史学家、文学家班固的堂伯父，是老庄的忠实信徒。班嗣提出了"师友造化"的理论，这是现实主义的创作理论，王羲之眷念、热爱会稽山水，这不是单纯的山水审美，而是为了师友造化，服务于自己的创作。杨王孙，西汉学者，学黄老之术。他认为生死是事物的自然变化，人死后"其尸块然独处"，毫无知觉，因而反对当时的厚葬风气，提倡裸葬以身亲土。王羲之"常依陆贾、班嗣、杨王孙之处世"，其根本原因是与他们的思想相通，即主张儒学，又兼容道学，依照儒家、道家的哲学思想处世。

在《兰亭集序》中，王羲之深感生命短暂，人生无常。"况修短随化，终期于尽"，生命如此短暂，人生要有忧患意识，要在有限的生命里创造无限价值。所以，他与魏晋时期那些士族文人不同，他们以庄子的"齐物论"为借口，追求清静无为、自由放任的生活，对社会和人生采取消极应对的态度。王羲之则面对良辰美景友好相聚，感受到人生乐趣，但"盛事不常"，生命有限，不胜感慨！由此想到古人的话"死生亦大矣，岂不痛哉"，联系生与死的问题发表对庄子生死观的看法，对"一死生""齐彭殇"观点开展了批判，认为是"虚诞"和"妄作"，明确肯定生命的价值。王羲之因为有着这样与众不同的思考，所以才会有出神入化的书法艺术。王羲之这一积极向上的人生观，其本质就是"向死而生，转身去爱"，余德慧将其概括为"生寄死归"："生寄死归的意思是，当我活着的时候，我寄养在花盆里；当我死的时候，就回归到大地。"罗素对其作了这样的描述："个体的存在就像一条河流，起先很小，窄窄的被夹在河道中，然后激情澎湃地跨过岩石，跃过瀑布。渐渐地，河床变宽，堤岸消退，水流平稳；最后，一无阻拦地汇入大海，毫不痛苦地消逝了自己的踪影。"泰戈尔的诗句则将其提炼得更为传神："生如夏花之绚烂，死若秋叶之静美。"

二、王羲之的七大名篇

《古文观止》是清人吴楚材、吴调侯于康熙三十三年（1694）选定的古代散文选本，其中就有王羲之的《兰亭集序》。曾国藩编纂的《经史百家杂钞》（也叫做《曾氏古文观止》），选了《报殷浩书》、《遗殷浩书》、《与会稽王笺》、《与尚书仆射谢尚书》（根据《王羲之金庭岁月》一书的考证，王羲之任会稽内史时，谢安尚未出仕，此时谢尚为尚书仆射，原作给谢安的信，应是给谢尚的，故改）、《诫谢万书》、《与吏部郎谢万书》。这七篇文章都来自《晋书·王羲之传》，可以称为王羲之的七大名篇。

1.《报殷浩书》

（原文）吾素自无廊庙志，直王丞相时果欲内吾，誓不许之，手迹犹存，由来尚矣，不于足下参政而方进退。自儿娶女嫁，便怀尚子平之志，数与亲知言之，非一日也。若蒙驱使，关陇、巴蜀皆所不辞。吾虽无专对之能，直谨守时命，宣国家威德，固当不同于凡使，必令远近咸知朝廷留心于无外，此所益殊不同居护军也。汉武帝时太傅金日磾（原文为"汉末，使太傅马日磾"，根据《王羲之金庭岁月》一书的考证，应为"汉武帝时太傅金日磾"，故改）慰抚关东，若不以吾轻微，无所为疑，宜及初冬以行，吾惟恭以待命！

此文是王羲之在殷浩劝他早日赴命时回复的书信，表达了不愿在朝廷为官、但可以出任使臣的想法。（参考译文）我素来没有在朝廷做官的兴趣，王导丞相执政时，坚决要召我入朝，我誓死不答应，回绝的书信手迹仍在，这种想法由来已久，并非足下执政我才怀出世之心。自从儿女成人后，我便打算学尚子平退隐山林（尚子平也叫向子平，东汉光武帝建武年间的隐士，一生有才学，就是不愿做官。他抚养几个儿女长大成人，并帮他们成家后，自己同家人告别，同友人北海禽庆遍游五岳名山，最后客死他乡，不知所终），多次与亲朋好友们谈论过此事，绝非一时之念。倘若足下允许我作为使臣出使四方，前往关西、陇右、巴蜀之地也在所不辞。我虽无交涉应对之能，但会严格遵守朝廷的命令，宣扬朝廷的威德，应不同于一般使者，一定要让远近地区都知道朝廷志在天下，这样做的好处同担任护军将军是大不相同的。汉武帝时曾派太傅金日䃅抚慰关东各地，如果不因为我地位轻微，对我有所疑虑，请让我在初冬履行此职，我恭候朝廷的命令。

2. 《遗殷浩书》

（原文）知安西败丧，公私恸怛，不能须臾去怀，以区区江左，所营综如此，天下寒心，固以久矣，而加之败丧，此可熟念。往事岂复可追，愿思弘将来，令天下寄命有所，自隆中兴之业。政以道胜宽和为本，力争武功，作非所当，因循所长，以固大业，想识其由来也。

（参考译文）知足下北伐失败，朝野叹惜悲伤，不能须臾忘怀。小小的江东，经营治理成这个样子，天下感到寒心已经很久了；再加上丧师辱国，这就必须好好想一想了。过去的事情哪能再补救？希望足下考虑怎样光大未来，弘扬朝廷中兴大业，使天下百姓有所依归。朝政应以重道、宽和为本，那种力争武功的做法，绝非妥当，应发挥长处，使国家巩固安定，这才是目前治国的根本大计。

（原文）自寇乱以来，处内外之任者，未有深谋远虑，括囊至计，而疲竭根本，各从所志，竟无一功可论，一事可记，忠言嘉谋弃而莫用，遂令天下将有土崩之势，何能不痛心悲慨也。任其事者，岂得辞四海之责！

（参考译文）自从敌寇侵扰以来，担负内外重任的当权者，没有深谋远虑、囊括安邦定国的妙计，却使国家的根本疲竭，各依自己的心意行事，竟没有一件功劳可以评论，没有一件事情值得记载；忠言良策摒弃不用，以致天下大有土崩瓦解之势，怎能不令人痛心疾首、悲哀感慨呢？当政理事的官员们，又岂能推却天下人的指责！

（原文）追咎往事，亦何所复及，宜更虚己求贤，当与有识共之，不可复令忠允之言常屈于当权。今军破于外，资竭于内，保淮之志非复所及，莫过还保长江，都督将各复旧镇，自长江以外，羁縻而已。任国钧者，引咎责躬，深自贬降以谢百姓。更与朝贤思布平政，除其烦苛，省其赋役，与百姓更始。庶可以允塞群望，救倒悬之急。

（参考译文）追究往事，已无法挽回损失，应当更加虚心求贤，与有识之士共商治国大计，不能再让忠言良策总是被当权者埋没。如今军队在外打了败仗，国内的资财已经匮竭，保淮的想法不再可企及了，不如退保长江，都督将领各回原镇，长江以外地区只需保持联络而已。担负国家重任的官员，应当引咎自责，重重地贬降自己以谢国人。重新与朝中贤者推行开明的政策，减免苛捐杂税，减省赋役，与百姓革故图新，这样或许可以消除公众的怨恨，摆脱困苦危急的处境。

（原文）使君起于布衣，任天下之重，尚德之举，未能事事允称。当董统之任而败丧至此，恐阖朝群贤未有与人分其谤者。今亟修德补阙，广延群贤，与之分任，尚未知获济所期。若犹以前事为未工，故复求之于分外，宇宙虽广，自容何所！知言不必用，或取怨执政，然当情慨所在，正自不能不尽怀极言。

（参考译文）足下起于布衣，担任朝廷显要官职，崇尚德政之举，但没能做到事事得当。肩负统兵作战之重任，而结果惨遭失败，只怕满朝文武没有人愿意为足下分担罪责。眼下及早施行德政弥补过失，广泛招揽群贤，共负朝廷重任，还不知是否有补救的希望。倘若仍旧以为北伐未取得成功，而刻意寻求侥幸重建战功，那么天地虽大，恐怕也无足下立足之所！我知道我的劝告不会被足下轻易接受，甚至会使足下不高兴，然而这正是情绪激昂之所在，我不能不把心中的感慨向足下直言相告啊。

（原文）若必亲征，未达此旨，果行者，愚智所不解也。愿复与众共之。复被州符，增运千石，征役兼至，皆以军期，对之丧气，罔知所厝。自顷年割剥遗黎，刑徒竟路，殆同秦政，惟未加参夷之刑耳，恐胜广之忧，无复日矣。

（参考译文）倘若足下一意孤行，一定要举行北伐，我是无法理解的，只希望足下能与朝廷百官共谋此事。再次接受州府的符命，增运军粮千石，同时征集百姓服劳役，都要按期完成，对此是垂头丧气，不知所措。近年以来，宰割剥夺百姓，刑徒满路，与秦朝暴政实无两样，只是没有施行诛灭三族之酷刑而已。这样下去，只怕类似陈胜、吴广揭竿而起的忧患，也将不远了。

3. 《与会稽王笺》

（原文）古人耻其君不为尧舜，北面之道，岂不愿尊其所事，比隆往代，况遇千载一时之运？顾智力屈于当年，何得不权轻重而处之也。今虽有可欣之会，内求诸己，而所忧乃重于所欣。《传》云："自非圣人，外宁必有内忧。"今外不宁，内忧已深。古之弘大业者，或不谋于众，倾国以济一时功者，亦往往而有之。诚独运之明足以迈众，暂劳之弊终获永逸者可也。求之于今，可得拟议乎！

（参考译文）古人因自己的君王不是尧、舜而感到羞耻，为臣之道，哪有不愿意尊崇自己从事的事业，与前代一样隆盛，况且遇到千载一时的机运？只不过智慧和力量都不如当年，怎么能不掂量轻重而行事呢？现在虽有值得欣喜的机会，但回头考察一下自己，忧虑又重于欣喜。《传》曰："如果不是圣人，外部安宁的话，内部必有忧患。"现在外部并不安宁，内部的忧患已很深重。古代弘扬大业的人，有时不与众人商议，倾国之力以成一时之功的人，也常常会有。确实是独自筹划的能力足以超过众人，短暂的劳苦疲惫最终获得长久安逸的人才可以。但考察一下今天，怎能够与此比拟！

（原文）夫庙算决胜，必宜审量彼我，万全而后动。功就之日，便当因其众而即其实。今功未可期，而遗黎歼尽，万不余一。且千里馈粮，自古为难，况今转运供继，西输许洛，北入黄河。虽秦政之弊，未至于此，而十室之忧，便以交至。今运无还期，征求日重，以区区吴越经纬天下十分之九，不亡何待！而不度德量力，不弊不已，此封内所痛心叹悼而莫敢吐诚。

（参考译文）运筹帷幄决胜千里，必然是在详细地衡量敌我情形而万无一失后才行动。成功之日，应当凭着人员众多而获取实利。现在成功还不可期待，而亡国之民已经灭绝，万不余一。而且千里运粮，自古以来就是难事，何况今天转运供给，西边输入许、洛，北边进入黄河。即使是秦代暴政的弊端，也没到这样的程度。十室九空的忧虑，就要纷纷出现了。现在运粮的不知什么时候回来，征召索求又日益加重，以小小的吴、越经营天下的十分之九，不灭亡还等什么！然而不度德量力，不彻底失败不罢休，这是海内人士所痛心哀叹而不敢实说的事情。

（原文）往者不可谏，来者犹可追，愿殿下更垂三思，解而更张，令殷浩、荀羡还据合肥、广陵，许昌、谯郡、梁、彭城诸军皆还保淮，为不可胜之基，须根立势举，谋之未晚，此实当今策之上者。若不行此，社稷之忧可计日而待。安危之机，易于反掌，考之虚实，著于目前，愿运独断之明，定之于一朝也。地浅而言深，岂不知其未易。然古人处闾阎行阵之间，尚或干时谋国，评裁者不以为讥，况厕大臣末行，岂可默而不言哉！存亡所系，决在行之，不可复持疑后机，不定之于此，后欲悔之，亦无及也。

（参考译文）过去的事情不可挽回，将来的事情还可补救，希望殿下再次深思熟虑，改变策略，命令殷浩、荀羡回据合肥、广陵，许昌、谯郡、梁、彭城诸军都回守淮，这是不可战胜的基础，等到根本牢固声威大振，再图北伐也不晚，这实在是当今的上策。如果不这样行事，国家的忧患指日可待。安危的关键，易如反掌，从虚实两方面进行考察，针对目前的情形，希望您运用独断的明智，抓紧作出决断。地位浅而言语深，哪里不知道这是不容易的呢。然而古人处于街巷行伍之间，有时还要干预时政、筹谋国事，评议者也并不讥讽他们，何况我置身大臣之列，怎么能沉默不言呢！关系到国家的存亡，要作出决断来实行，不能再迟疑而失去时机。现在不作出决定，将来想后悔也来不及了。

（原文）殿下德冠宇内，以公室辅朝，最可直道行之，致隆当年，而未允物望，受殊遇者所以寤寐长叹，实为殿下惜之。国家之虑深矣，常恐伍员之忧不独在昔，麋鹿之游将不止林薮而已。愿殿下暂废虚远之怀，以救倒悬之急，可谓以亡为存，转祸为福，则宗庙之庆，四海有赖矣。

（参考译文）殿下德行天下第一，以公室的身份辅佐朝政，最可以直道而行，使国家的兴盛超过当年；可是与众望不符，受到厚遇的人之所以日夜叹息，实在是为殿下惋惜。国家的忧患已经很深重了，常常担心伍子胥的忧虑不仅出现在古代，麋鹿游（比喻繁华之地变为荒凉之所，暗示国家沦亡）也不仅仅是在山林水泽之间。希望殿下暂停清虚超逸的情怀，以解救倒悬之急难，可说是转亡为存，转祸为福，那么就是朝廷的福祥，四海之人有了依靠。

4.《与尚书仆射谢尚书》

（原文）顷所陈论，每蒙允纳，所以令下小得苏息，各安其业。若不耳，此一郡久以蹈东海矣。今事之大者未布，漕运是也。吾意望朝廷可申下定期，委之所司，勿复催下，但当岁终考其殿最。长吏尤殿，命槛车送诣天台。三县不举，二千石必免，或可左降，令在疆塞极难之地。又自吾到此，从事常有四五，兼以台司及都水御史行台文符如雨，倒错违背，不复可知。吾又瞑目循常推前，取重者及纲纪，轻者在五曹。主者莅事，未尝得十日，吏民趋走，功费万计。卿方任其重，可徐寻所言。江左平日，扬州一良刺史便足统之，况以群才而更不理，正由为法不一，牵制者众，思简而易从，便足以保守成业。仓督监耗盗官米，动以万计，吾谓诛翦一人，其后便断，而时意不同。近检校诸县，无不皆尔。余姚近十万斛，重敛以资奸吏，令国用空乏，良可叹也。

（参考译文）近来我所陈述的意见，常蒙允许采纳，因此使得百姓稍微可以休养生息，安居乐业。否则的话，这个郡中的人早就跳东海而死了。现在还未办妥的大事便是漕运，我希望朝廷规定期限，交托给主管官吏，不必再催督百姓，只须在年终考核政绩的优劣。主管官吏表现最差的，可用囚车押送到尚书省治罪。有三个县不合格的郡守，应免官或降职，将他们下放到边疆关塞、条件极苦的地方。自从我到此地，"从事"总有四五人，加上台司和都水御史行台的批文命令如雨点似的，颠倒错乱互相抵触的，不知有多少。我又瞑目静思，按照常规往前推，重者按刑法处治，轻者送往五曹处理。主管者治事，还不到十天，官吏百姓奔忙，耗费数以万计。足下正担任要职，慢慢就会了解我所说的情况。江左在平日里，扬州有一个好刺史就足以统管好，怎么有成群的贤才反而治理不好了呢？正是由于各自的法规不一致，牵制手脚的人太多。如果为政简要，官民就易行，便可保守大业。管粮仓的督监私吞国家粮米，动辄以万计，我以为诛杀首犯，便可杜绝此类现象再次发生，可是时人的意见不同。近来检查各县情况，无不如此。余姚一带奸官猾吏贪污粮食近十万斛，使国库空虚乏竭，真是可悲可叹啊。

（原文）自军兴以来，征役及充运死亡叛散不反者众，虚耗至此，而补代循常，所在凋困，莫知所出。上命所差，上道多叛，则吏及叛者席卷同去。又有常制，辄令其家及同伍课捕。课捕不擒，家及同伍寻复亡叛。百姓流亡，户口日减，其源在此。又有百工医寺，死亡绝没，家户空尽，差代无所，上命不绝，事起或十年、十五年，弹举获罪无懈息而无益实事，何以堪之！谓自今诸死罪原轻者及五岁刑，可以充此，其减死者，可长充兵役，五岁者，可充杂工医寺，皆令移其家以实都邑。都邑既实，是政之本，又可绝其亡叛。不移其家，逃亡之患复如初耳。今除罪而充杂役，尽移其家，小人愚迷，或以为重于杀戮，可以绝奸。刑名虽轻，惩肃实重，岂非适时之宜邪！

（参考译文）自从军队出征以来，被征作战和充当运夫的死亡逃散不返者不计其数，虚空耗费如此严重，可是补充代替按照常例，到处都凋敝困苦，不知哪里还有人力财力。奉上级命令的差使，上路以后常常叛逃，于是官吏和叛者一起把运送的物资席卷一空逃去。又有制度规定，把逃走的人的家人和邻居抓起来。家人和邻居为了逃避被抓，也开始叛逃。百姓流亡，户口日减，其根源正在此。又有各种工匠、医生、僧侣，死亡绝灭，家族空虚竭尽，被派遣做事的人无法落实上命，而上面的命令不断催逼。事情有的过了十年、十五年，检举治罪还不罢休，这对实事并无益处，长期下去，怎么得了！我认为从现在起，凡是死罪从轻处治的以及五年徒刑的囚犯，可以充任此事。死罪减轻的，可以长期充兵役；五年徒刑者，可以充当杂工、医生、僧侣，并让他们携带家眷以充实城市。城市充实，这是治国理政的根本，又可以避免其叛逃。如果不迁其家庭，逃亡之患一如当初。现在免去罪犯的罪行使他们充任杂工，将其家庭尽数搬迁，这些人愚昧，往往以为这种做法比杀头还可怕，因此自然会变得规矩本分。刑罚虽轻，管制实重，难道不是一种有效的措施吗？

5. 《诚谢万书》

（原文）以君迈往不屑之韵，而俯同群辟，诚难为意也。然所谓通识，正自当随事行藏，乃为远耳。愿君每与士之下者同，则尽善矣。食不二味，居不重席，此复何有，而古人以为美谈。济否所由。实在积小以致高大，君其存之。

（参考译文）以足下高迈不群的风韵，去俯就于那些平庸官吏，确实不能如意。然而，通达博识之士，自当能行能藏，随机应变，这才是有长远的眼光。望足下常与手下将士同甘共苦，这样就能很完美了。食不二味，居不重席，这种简朴的生活被古人传为美谈。足下不要以为这样做毫无用处，要知道成功与否的关键，在于积小成大，请足下记住这句话。

6. 《与吏部郎谢万书》

（原文）古之辞世者，或被发阳狂，或污身秽迹，可谓艰矣。今仆坐而获逸，遂其宿心，其为庆幸，岂非天赐！违天不祥。

（参考译文）古代避世不仕的人，有的披头散发，佯装疯癫；有的浑身污秽不堪，佯装痴呆，真可谓艰难。而今你（指谢万）能坐罪而获免，做一个逸民，正遂了平生之愿，是一件值得庆幸的事。这是天赐良机，违抗天意不吉祥。

（原文）顷东游还，修植桑果，今盛敷荣，率诸子，抱弱孙，游观其间，有一味之甘，割而分之，以娱目前。虽植德无殊邈，犹欲教养子孙以敦厚退让。或以轻薄，庶令举策数马，仿佛万石之风。君谓此何如？

（参考译文）我刚从金庭回到山阴。我在庄园里种植的树木，今已长得繁荣茂盛。我常带领儿子和孙子们在果园里闲游观赏，如果看到成熟的果子，便摘下来，切成一块一块的分给大家吃，心里感到非常开心。我虽没有多大能力去培养儿孙们的德业，只希望他们做人能敦厚退让。如果有人轻薄不踏实，我就像万石君那样，用"举策数马"的典故教育他们。这样做，你觉得如何？（"举策数马"是一个典故。据《史记·石奋传》载，汉文帝时，石奋官至大中大夫，石奋及其四子皆官秩二千石，父子五人合万石，因号"万石君"。石氏父子处事慎微。子石庆为太仆，汉武帝出宫门，问车驾几匹马，石庆举鞭一一数清后才敢回答，说六匹。王羲之认为做事就要像"举策数马"那样认真，以此教育子孙。）

（原文）比当与安石东游山海，并行田视地利，颐养闲暇。衣食之余，欲与亲知时共欢宴，虽不能兴言高咏，衔杯引满，语田里所行，故以为抚掌之资，其为得意，可胜言邪！常依陆贾、班嗣、杨王孙之处世，甚欲希风数子，老夫志愿尽于此也。

（参考译文）我将与谢安东游山海，在庄园里颐养天年，即时为田行穰，祈福丰收。除了自己丰衣足食外，还邀集亲朋好友们到庄园里来聚会，虽不能像兰亭那样兴言高咏，衔杯引满，曲水流觞，但谈论田园之乐，共享丰收果实，也觉得很满意，其亲情却胜过兰亭。我常依陆贾、班嗣、杨王孙这些前贤的处世方式做人，也以此教育子孙，平生的志愿就在这里了。

7. 《兰亭集序》

（原文）永和九年，岁在癸丑，暮春之初，会于会稽山阴之兰亭，修禊事也。群贤毕至，少长咸集。此地有崇山峻岭，茂林修竹，又有清流激湍，映带左右，引以为流觞曲水，列坐其次。虽无丝竹管弦之盛，一觞一咏，亦足以畅叙幽情。是日也，天朗气清，惠风和畅，仰观宇宙之大，俯察品类之盛，所以游目骋怀，足以极视听之娱，信可乐也。

（参考译文）永和九年（公元 353 年），岁逢癸丑，暮春之初，相会在会稽山阴的兰亭，举行祭祀消灾活动。群贤毕至，少长皆来。此地有崇山峻岭，茂林长竹，又有清溪急流辉映在兰亭左右。大家引来曲水，漂浮酒杯，列坐水边，取杯畅饮。虽无丝竹管弦之妙，但一边饮酒，一边赋诗，也足以酣畅地抒发心中情感。这一天，天气晴朗，空气清新宜人，和风习习，温暖舒适，翘首仰望宇宙的宏阔，低头俯视物种的繁盛，纵情观赏，心旷神怡，确有无穷的乐趣。

（原文）夫人之相与，俯仰一世，或取诸怀抱，悟言一室之内，或因寄所托，放浪形骸之外。虽趣舍万殊，静躁不同，当其欣于所遇，暂得于己，快然自足，不知老之将至。及其所之既倦，情随事迁，感慨系之矣。向之所欣，俯仰之间，已为陈迹，犹不能不以之兴怀。况修短随化，终期于尽。古人云："死生亦大矣。"岂不痛哉！

（参考译文）人们彼此结交，转瞬间度过一生。有的人在家里与朋友倾心畅谈，有的人把志趣寄托于他物，纵情于山水之间。虽然取舍不一，静躁有异，但当他们遇上高兴之事，心里就感到快慰和满足，竟不知暮年即将来临。等到他们对所追寻的事物开始厌倦，心情便因此改变，哀叹感慨也因此发生。先前所感到快慰的，转眼之间成为往事旧梦，对此尚且不能不深有感触，更何况寿命长短，听凭造化，但终归有穷尽的一天啊！古人说："生死是人生的一件大事。"怎能不让人悲痛呢！

（原文）每览昔人兴感之由，若合一契，未尝不临文嗟悼，不能喻之于怀。固知一死生为虚诞，齐彭殇为妄作，后之视今，亦犹今之视昔，悲夫！故列叙时人，录其所述，虽世殊事异，所以兴怀，其致一也。后之览者，亦将有感于斯文。

（参考译文）常常看到古人兴怀感慨的原因，与今人像符契一样相吻合，未尝不面对这些文章而嗟叹悲伤，内心却不明白这是什么缘故。我知道把人的生与死视作一回事是错误的，把长寿与短命视为同等也是荒谬的，后人看待今人，正像今人看待前人一样，可悲可叹啊！因此我一一列举参与兰亭聚会的人名，抄录其作品，即使将来时代不同了，世事发生了变化，但人们兴怀感慨的原因与情致，是一样的。将来的读者，也许会对这些作品产生一番感慨。

三、金庭王氏及其家训

王羲之辞官隐居金庭，不同于"小隐"，比谢灵运年长20岁的陶渊明（陶渊明曾在王羲之的次子、江州刺史王凝之手下短期担任江州祭酒）的"小隐"生活比较贫困和艰苦；王羲之的隐居类似于"中隐"，如生活于中晚唐时期的白居易，其"中隐"的生活比较富裕和舒适。白居易曾写过一首诗《中隐》：

大隐住朝市，小隐入丘樊。丘樊太冷落，朝市太嚣喧。

不如作中隐，隐在留司官。似出复似处，非忙亦非闲。

不劳心与力，又免饥与寒。终岁无公事，随月有俸钱。

君若好登临，城南有秋山。君若爱游荡，城东有春园。

君若欲一醉，时出赴宾筵。洛中多君子，可以恣欢言。

君若欲高卧，但自深掩关。亦无车马客，造次到门前。

人生处一世，其道难两全。贱即苦冻馁，贵则多忧患。

唯此中隐士，致身吉且安。穷通与丰约，正在四者间。

白居易还曾写过一首诗《从同州刺史改授太子少傅分司》：

承华东署三分务，履道西池七过春。

歌酒优游聊卒岁，园林萧洒可终身。

留侯爵秩诚虚贵，疏受生涯未苦贫。

月俸百千官二品，朝廷雇我作闲人。

白居易的归隐生活靠的主要是"俸钱"收入（终岁无公事，随月有俸钱；月俸百千官二品，朝廷雇我作闲人）；与其不同，王羲之靠的是经营庄园的收入。庄园是以农田为主、农林牧副和手工业作坊兼营的综合性经济实体。王羲之虽然没有像谢灵运《山居赋》那样把他的金庭庄园交代得一清二楚，但在他留世的600多篇书札中，存在与庄园经营相关的许多蛛丝马迹，特别是《与吏部郎谢万书》，该文比较详尽地介绍了庄园经营的情况：

并行田视地利，颐养闲暇。衣食之余，欲与亲知时共欢宴，虽不能兴言高咏，衔杯引满，语田里所行，故以为抚掌之资，其为得意，可胜言邪！

"行田视地利"，意思是行穰福田，祈祷丰收，可见王羲之经营庄园的良苦用心。"时共欢宴"，指与亲友聚会，虽不能像兰亭诗会那样，在一起吟文作诗，交流学识，但可以共同享受丰收的愉悦。"语田里所行"，指和亲友交谈经营庄园和田园生活的情况。"抚掌之资"，指庄园生产所得，因为十分富有，故"其为得意，可胜言邪"！

水果是庄园的一大出产，金庭庄园简直像一座花果山。信步果园，与儿孙们共尝自己亲手栽种的果实，是王羲之田园生活中最惬意的时刻，《与吏部郎谢万书》中有：

> 修植桑果，今盛敷荣，率诸子，抱弱孙，游观其间，有一味之甘，割而分之，以娱目前。

水果从种苗栽培到摘果可尝，至少得三五年，甚至更长时间，今已可"割而分之"，说明庄园经营已多年了。"率诸子"，指六子操之和幼子献之。他俩这时还没有生子，和父母生活在一起。"抱弱孙"当指其他五个儿子的子女。他的儿子虽在外地做官，但他们的妻儿有的则和王羲之夫妇生活在一起，说明金庭人丁兴旺。

《与吏部郎谢万书》说明，王羲之经营金庭庄园是比较成功的，这是其能够"中隐"的物质基础。那么，金庭庄园有多大呢？从王羲之的书信中无法找到答案。但按晋占田法，他的六子操之也归居金庭，官三品，可占田四十顷，父子共占田八十顷。难怪王氏的后裔说，站到瀑布山上喊一声，凡是听得见的地方都是王氏的山；平溪的水流到了头，两岸都是王氏的田地。这正好是以十里平溪为中心的一个山间小盆地，即金庭洞天福地。

金庭王氏是琅琊王氏的分支，1 600 多年来，以王羲之为一世祖、王操之为二世祖，繁衍至今已有 59 世（我是金庭王氏第 56 世孙），族人主要生活区以华堂为中心，包括观下（我出生并成长于观下）、孝康、岩头、天马等诸多村落。历史上，像王羲之的后裔们这样聚集一地、久居至今的不多，这也是一个奇迹。《金庭王氏族谱》记录了王羲之、王操之后裔们在这里生活的 1 600 多年的历史轨迹。他们从唐朝开始收集并保存家乘资料，自宋朝开始修谱，历明、清而至于今，八次续修，内容真实而丰富。乾隆五十七年（1792）重修族谱时，王氏后人将先祖家教思想总结提炼，写入族谱序文中，共 24 字："上治下治，敬宗睦族；执事有恪，厥功为懋；敦厚退让，积善余庆"，是为"金庭王氏家训"。

首先是"上治下治"和"敬宗睦族"。"上治下治"，即长辈要以身作则，晚辈则安分守己；或者说处于上位的人要以身作则，处于下位的人则安分守己，其关键字是"治"，即国治和家治良性互动，这是家族和谐、家国同治、国泰民安、天下大治的根本。《论语》："君子之德风，小人之德草，草上之风必偃。"意思是说：处于上位的人的品德好比风，处于下位的人的品德好比草。风吹在草上，草就一定顺着风的方向倒下。在王羲之眼里，"上治"是"下治"的前提，他在《遗殷浩书》中写道，"天下将有土崩之势"，对此他明确提出，"任国钧者，引咎责躬，深自贬降以谢百姓"。由此，作家黄亚洲对"上治下治"就作了这样的解释："这位书圣精神世界的思路演绎，显然是有一种民族整体感的。他不仅把道德高地坚决地置于黎民百姓的脚下，也毫不犹豫地置于君王与朝廷的脚下。……也就是说，须得上面的君王以身作则，全国的百姓也模范遵守。"在当今中国，习近平总书记夙夜在公，是"上治"的典范。丁薛祥同志在 2018 年 6 月 28 日给中办机关讲党课时提到，"这些年，总书记的辛劳我们中办的同志都历历在目。2016 年 G20 杭州峰会之后，中央电视台制作了一个微视频《习近平总书记的一天》，记录了总书记 9 月 4 日那天的日程。从早上 7:45 离开住地，晚上 11 点返回，在近 16 个小时的时间里，总书记出席了 20 场活动，一刻也没有休息过。类似高密度、高强度的活动安排，在总书记的日程中司空见惯"。习近平总书记之所以有这样一种夙夜在公、无私奉献的模范行动，是与良好的家教、家风分不开的。《习近平谈治国理政》第二卷有 99 篇文稿，其中之一就是《注重家庭，注重家教，注重家风》。在这篇文稿中，习近平总书记写道："我从小就看我妈妈给我买的小人书《岳飞传》，有十几本，其中一本就是讲'岳母刺字'，精忠报国在我脑海中留下的印象很深。"习近平总书记强调："家庭是人生的第一个课堂，父母是孩子的第一任老师。孩子们从牙牙学语起就开始接受家教，有什么样的家教，就有什么样的人。家庭教育涉及很多方面，但最重要的是品德教育，是如何做人的教育。""广大家庭都要重言传、重身教，教知识、育品德，身体力行、耳濡目染，帮助孩子扣好人生的第一粒扣子，迈好人生的第一个台阶。"总之，治好国的前提是修好身、齐好家，"家长特别是父母对子女的影响很大，往往可以影响一个人的一生"。王羲之不仅是"书圣"，是一位有远见卓识的政治家，更是一位注重言传身教的家长，在家庭生活中以身作则。王羲之不纳妾，深爱着郗璇，而当时大族风气，以纳妾蓄妓为时尚，如谢安的风流韵事传遍江南。王羲之的七个儿子和一个女儿皆能健康成长，有才德，没有吊儿郎当的富家子弟做派，更没有败家子，实为其家教、家风之功。他逝世前给周抚写的信中说："吾有七儿一女，皆同生。婚娶已毕，惟一小者尚未婚耳。过此一婚，便得至彼。今内外孙有十六人，足慰目前。足下情致委屈，故具示。"其意为：我有七儿一女，皆一母同生（即郗璇一人所生，王羲之以此为自豪，实为其对家庭、婚姻的道德宣示）。今婚娶已毕，只有一个小儿子还未婚配。

待小儿子结婚后，便可以到你处游览。今内外孙有十六人，足可慰心。往日常说游蜀，然而一直没去，使你心存委屈，故加以说明。

"敬宗睦族"，即孝敬长辈，和睦亲族，其关键字是"孝"与"和"。"孝是孝敬的孝，和是和气的和，这才是老祖先留下来的传统美德"，公益歌曲《孝和中国》这样说。《十八届中央纪律检查委员会向中国共产党第十九次全国代表大会的工作报告》将"孝悌忠信礼义廉耻"定性为中华民族的"文化基因"，以"孝"打头；"富强、民主、文明、和谐，自由、平等、公正、法治，爱国、敬业、诚信、友善"的社会主义核心价值观中，就有"和"字。关于"孝"，孔子说："夫孝，德之本也，教之所由生也。""身体发肤，受之父母，不敢毁伤，孝之始也。立身行道，扬名于后世，以显父母，孝之终也。夫孝，始于事亲，中于事君，终于立身。"孟子则将孝分为三个层次：第一个层次是"养口体"（即保障父母的基本生活）；第二个层次是"养志"（即圆了父母的相关心愿）；第三个层次是"大孝终身慕父母"（即大孝之人终身都爱慕着父母）。关于"和"，孔子说："礼之用，和为贵"，"君子和而不同，小人同而不和"。孟子则说："天时不如地利，地利不如人和。"总之，"百善孝为先"，"家和万事兴"，"孝"与"和"是家族兴旺、社会和谐的基础。

其次是"执事有恪"和"厥功为懋"。"执事有恪"，即干事须谨慎，讲规矩，有敬畏之心，进退讲究分寸，其关键字是"恪"，这是做事的关键。走进嵊州市金庭镇华堂村，一条石质黝黑、滑润的水渠特别吸引人的目光。这条被华堂人称为"九曲水圳"的人工水渠，已有500多年的历史。对水圳的维护，族谱中记有严格的管水条例，村民分时段、分功能用水，并互相监督，违者要按族规处罚。至今水圳仍完好无损、清流如故，靠的就是"规矩"两字，心存敬畏，没有"乱来"。孔子曾说："君子有三畏：畏天命，畏大人，畏圣人之言。小人不知天命而不畏也。"明代方孝孺讲过："凡善怕者，必身有所正，言有所规，行有所止，偶有逾矩，亦不出大格。"邓小平在 1957 年告诫全党："共产党员谨小慎微不好，胆子太大了也不好。一怕党，二怕群众，三怕民主党派，总要好一些。"习近平总书记则在 2014 年指出："头上三尺有神明，一定要有敬畏之心。"金庭王氏的成员都心存敬畏，执事有恪。历史是最好的见证，据记载，从金庭王氏后代中走出的 120 余位官员，没有一人因贪污而被罢官；从南北朝以来，金庭王氏后代中走出的 20 位御史官，都留下了廉明、正直的口碑。

"厥功为懋"，即建功立业，树立榜样，以此勉励自己和子孙努力向上，其关键字是"懋"，促人向上。关于"向上"的要求，毛主席的题词最著名。根据有关资料，1951 年 5 月，毛主席获悉苏州小学生陈永康抓特务被打伤的事迹后，亲笔题词"好好学习，天天向上"。同年 9 月底，毛主席接见安徽省参加国庆观礼的代表团，成员中有渡江小英雄马三姐。毛主席关切地问她念书情况，还送她一个精美的笔记本，在扉页上题词"好好学习，天天向上"，这 8 个字的题词迅速在全国传播开来。要做到天天向上，就须努力奋斗。在 2018 年新年贺词中，习近平总书记认为"幸福都是奋斗出来的"。在 2018 年春节团拜会上，习近平总书记进一步提出"奋斗本身就是一种幸福"，只有奋斗的人生才称得上幸福的人生，奋斗者是精神最为富足的人，也是最懂得幸福、最享受幸福的人。的确，奋斗者在为大多数人创造幸福的同时，自己也能享受这一奋斗过程，成为一个精神富足、懂得幸福、享受幸福的人。当然，奋斗并不是一件容易的事，其过程是艰辛的、长期的、曲折的，否则就不是真正的奋斗，所以必须正确对待一时的得失成败。

最后是"敦厚退让"和"积善余庆"。"敦厚退让"，即为人要老实厚道、谦逊礼让，其关键字是"让"，这是做人的根本。据史料记载，有一次，王羲之与好友许玄度结伴去奉化一带采药。夜宿小客栈时，他们遇见两兄弟因争夺资财而斗殴，最后弟弟竟然把哥哥打死了。王羲之对许玄度说："此二子残忍如此，不知你我后辈如何。"回到家后，忧心忡忡的王羲之把自己所见告诉儿子，并写下了"敦厚退让"四个大字，命儿子们日日临摹，牢记践行，一代代地往下传。的确，学会"让"是一种豁达，是一种人生的领悟，也是一种保全自己和家族的智慧。关于"让"，"六尺巷"的故事流传广泛。清朝有个张英，他儿子叫张廷玉，父子两人都曾做过宰相。张英老家在桐城，老家的人要造房子，邻居要求其往里退让三尺土地。张英老家的人不愿意，写了封信给张英，希望他出来讲句话。张英收到这封信之后，不仅没有替老家的人讲话，还写了一首诗，规劝老家的人："千里修书只为墙，让他三尺又何妨。长城万里今犹在，不见当年秦始皇。"邻居一看张家让了三尺，于是也让了三尺，就成了六尺，变成了"六尺巷"。

"积善余庆"，即多积德，多行善，恩泽及于子孙，所谓"积善之家，必有余庆"，其关键字是"善"，劝人向善。习近平总书记在2016 年 12 月 12 日会见第一届全国文明家庭代表时说过："家风是社会风气的重要组成部分。家庭不只是人们身体的住处，更是人们心灵的归宿。家风好，就能家道兴盛、和顺美满；家风差，难免殃及子孙、贻害社会，正所谓'积善之家，必有余庆；积不善之家，必有余殃'。"公益电影《因果启示录》主题曲《堂堂正正一辈子》倡导："你有能力时，决心做大事；没有能力时，快乐做小事。你有余钱时，就做点善事；没有余钱时，做点家务事。……当有成绩时，要常照镜子；没有成绩时，学习不停止。……你有权力时，就做点好事；没有权力时，就做点实事。当你能动时，就多做点事；你不能动时，回忆开心事。人这一辈子，都会做错事，尽量避免做傻事，坚决不能做坏事，堂堂正正一辈子。"如果作恶，必遭严惩。习近平总书记在2014年1月7日召开的中央政法工作会议上强调，对于那些害群之马，一定要坚决清除。"实际上那些错误执行者，他也是有一本账的，这个账是记在那儿的。一旦他出事了，这个账全给你拉出来了。别看你今天闹得欢，小心今后拉清单，这都得应验的。"

以"治"为目标，以"孝""和""懋""恪""让""善"为关键，不断"向上向善"，这是"金庭王氏家训"的宗旨。作为金庭王氏的一员，我为"金庭王氏家训"有"向上向善"的宗旨而高兴。"向上向善"，不仅是"金庭王氏家训"所追求的，也是党和政府及全社会所倡导并推动的。习近平总书记在党的十九大报告中强调，要"深入实施公民道德建设工程，推进社会公德、职业道德、家庭美德、个人品德建设，激励人们向上向善、孝老爱亲，忠于祖国、忠于人民"。

就个人而言，如何"向善"？应"以人文养护心灵，截断流机"，即名利上不要太计较，要有满足感，应该看淡一点，放得下。如何"向上"？须"以科学武装头脑，涵盖乾坤"，即工作上务必认真，能力上要有危机感，追求卓越，不断创新。如此，则能"随波逐浪"了。

(2019)

分论二：学校教育

努力增强思政课的亲和力和针对性

——以党史宣讲为例

《习近平谈治国理政》第三卷的第十一个专题是"铸就中华文化新辉煌"，收录了6篇讲话，其中一篇是《用新时代中国特色社会主义思想铸魂育人》，这是习近平总书记在2019年3月18日学校思想政治理论课教师座谈会上的讲话要点。习近平总书记强调："推动思想政治理论课改革创新，要不断增强思政课的思想性、理论性和亲和力、针对性。"

从广义的角度说，党史宣讲就是思政课。作为上海市委讲师团党史学习教育专家宣讲团成员，为了将"思想性、理论性和亲和力、针对性"的要求体现在党史宣讲中，我是按照"党章要求+党史故事+经典阐发"的三维视角来设计课程的。

一、党章要求

2018年1月5日，在新进中央委员会的委员、候补委员和省部级主要领导干部学习贯彻习近平新时代中国特色社会主义思想和党的十九大精神研讨班上，习近平总书记指出："我们都是自愿加入中国共产党的，入党宣誓中就说要为共产主义奋斗终身，随时准备为党和人民牺牲一切。前不久，我带领中央政治局常委瞻仰党的一大会址，面对党旗重温誓词，就是要号召全体党员牢记入党誓词，做到终身坚守、终生不渝。"

上文中提到的"前不久"，是指在党的十九大胜利召开后的2017年10月31日下午，在中共一大会址纪念馆宣誓厅，面对巨幅中国共产党党旗，习近平总书记带领其他中共中央政治局常委同志一起重温了入党誓词。

《中国共产党章程》第一章第六条规定："预备党员必须面向党旗进行入党宣誓。誓词如下：我志愿加入中国共产党，拥护党的纲领，遵守党的章程，履行党员义务，执行党的决定，严守党的纪律，保守党的秘密，对党忠诚，积极工作，为共产主义奋斗终身，随时准备为党和人民牺牲一切，永不叛党。"入党为什么？入党干什么？全部集中体现在了入党誓词中。入党誓词充分体现了党员个体的初心和使命，有三个关键词，即"忠诚""奋斗""牺牲"。"党章要求"在我的宣讲课程中体现为"忠诚""奋斗""牺牲"这三个关键词。

二、党史故事

在上海宣讲党史，讲与上海有关的党史故事，听众更有亲切感。上海龙华烈士纪念馆陈列着256名烈士的事迹，每位烈士都有着感人的故事，是生动的红色教育资源。我从中选取3位一般听众不太熟悉而又特别感人的英雄，用他们的故事来诠释"忠诚""奋斗""牺牲"。

一具体，就生动；有细节，就感人。宣讲党史故事，一定要有细节，这些细节是增强亲和力的关键。

1. 忠诚

忠诚的代表是何孟雄。1921年7月，中国共产党成立，当时全国有58名党员，何孟雄是其中之一。何孟雄的重大贡献是两次反"左"，即反对李立三的"左"倾冒险主义错误和王明的"左"倾教条主义错误。

何孟雄因为反对李立三的"左"倾冒险主义错误，遭到了无情的批判和打击，但他没有屈服。他对上门劝慰他的同志说："一个革命战士，就要像暴风雨中的海燕，一往直前，经得起斗争的考验。"他还说："这没什么！只是不让我工作，我是很难过的。从参加革命的那一天起，我就献身党了。""十年来从未离开过群众工作，养成了习惯，一天不做工作，无所适从，我现在愿意去做下层支部的工作。"

1945年中共六届七中全会通过的《关于若干历史问题的决议》，对何孟雄等人在党的历史上的功绩作了肯定："林育南、李求实、何孟雄等二十几个党的重要干部，他们为党和人民做过很多有益的工作，同群众有很好的联系，并且接着不久就被敌人逮捕，在敌人面前坚强不屈，慷慨就义。……所有这些同志的无产阶级英雄气概，乃是永远值得我们纪念的。"在讨论《决议》的一次小组会上，毛泽东曾这样高度评价何孟雄："当时谁敢反？立三有权的，王明还有一个米夫，反他们是很不容易的。"陈毅则赞颂何孟雄，"他一生坎坷，宗旨不改"，是"真正的英雄"。

2. 奋斗

奋斗的代表是邓中夏。《邓中夏传》记录了邓中夏奋斗的一生：参与发起五四运动；创办北大平民教育讲演团；建立长辛店铁路工人俱乐部；筹备中共一大；缔造北京的社会主义青年团；主持上海大学政务工作；系统提出新民主主义革命核心理论；建立中华全国总工会，指挥省港大罢工；出任中共中央秘书长，筹划南昌起义；担任中共驻共产国际代表，同米夫、王明宗派集团作斗争；建党建政湘鄂西；化名潜伏上海滩，恢复赤色互济会。

邓中夏在担任中共驻共产国际代表时，曾同米夫、王明宗派集团作斗争。为此，王明在莫斯科时就对邓中夏恨之入骨。1931 年 1 月，王明等人掌握党中央大权后，说邓中夏不能重用。1932 年初，邓中夏从湘鄂西苏区来到上海，在沪东区委宣传部写传单、刻钢板。当时中共沪东区委书记叫陈伯明，是个典型的"左"倾机会主义分子，处处以"百分之百的革命派"自居（此人被捕后很快叛变）。他对邓中夏极不尊重，不发给他生活费用。邓中夏只能靠其爱人在日本纱厂做工领得的微薄工资来维持连稀饭都吃不饱的艰苦生活。但是，在这种逆境中，邓中夏对党的事业依然忠心耿耿。他说："一个人遇到挫折是难免的，也是不可怕的，可怕的是受到挫折便失去了信心。"

不久，沪东区委让他和匡亚明编印小报——《前锋》，他不因事小而不为，将这张小报办得有声有色，报上的文章既战斗性强，又生动活泼。后来上海党组织内部许多人都知道沪东区委宣传部有一个很会写文章的干部，纷纷来到这里求援。

1932 年"三八"妇女节前夕，为了完善"三八"妇女节宣言，沪西区委做妇女工作的帅孟奇去沪东区委宣传部找这个很会写文章的干部。两人见面后，帅孟奇大吃一惊！帅孟奇在莫斯科学习时就认识邓中夏，那时邓中夏就是国际上的知名人物，没想到现在竟然在上海一个基层组织做着刻钢板的活儿。邓中夏看出了她的心思，笑着说："共产党员嘛，哪里需要就到哪里。"他谈笑风生，很快改好了《宣言》，并帮着编了一首歌谣。

3．牺牲

牺牲的代表是陈延年，斯大林称其为"天才的政治家"，毛泽东称其为"党内不可多得的人才"。

1926 年 9 月 28 日，《我们的生活》创刊号出版。陈延年为该刊写发刊词《告同志》，文章说："我们的党不是从天上掉下来的，也不是从地中生出来的，更不是从海外飞来的，而是从长期不断的革命斗争中，从困苦艰难的革命斗争中生长出来的，强大起来的。"这段话包含了陈延年对共产国际和远东局指导中国革命一事的忧虑。"更不是从海外飞来的"一句明显是针对共产国际对中国革命的遥控指挥问题而说。

1927 年 6 月 26 日上午，陈延年在上海北施高塔路恒丰里 104 号中共江浙区委所在地被捕。7 月 4 日深夜，陈延年被秘密押赴刑场。刽子手喝令他跪下，他高声回应："革命者，光明磊落，视死如归，只有站着死，决不跪下！"几个行刑士兵用暴力将其按下，松手挥刀时，没想到陈延年又一跃而起，这一刀未砍着其颈项。最后，陈延年被敌人按在地上乱刀砍死，年仅 29 岁。

1928 年 2 月，陈乔年在调任江苏后被捕。6 月 6 日，他英勇就义，年仅 26 岁。延年、乔年的就义处都是上海龙华塔下的枫林桥畔，这两位同胞兄弟的鲜血，最终流到了一起。

三、经典阐发

这里所说的经典，既指红色经典，也指国学经典，还指西方经典。用经典来阐发党章要求和党史故事，以深化认识，启示今人，增强宣讲的针对性。

就"忠诚"而言，今天应如何理解呢？首先要不断增强"四个意识"，坚定"四个自信"，做到"两个维护"。这是政治立场和政治态度的问题。

其次，"忠诚"必须始于足下。《习近平谈治国理政》第三卷第二个专题收入了习近平 2019 年 7 月 9 日在中央和国家机关党的建设工作会议上的重要讲话。习近平总书记指出："对党忠诚必须始于足下。如果连本职工作都没做好，不担当不作为，把党组织交给的'责任田'撂荒了甚至弄丢了，那就根本谈不上'两个维护'！"《论语·里仁》记录了曾子眼中的孔夫子之道："夫子之道，忠恕而已矣！"朱熹对"忠"的解释是：尽己之谓忠。所谓尽己，就是对单位对工作对家人对朋友，能够尽自己最大的努力，把自己该做的事情做好。在单位里，就是要尽心尽力做好本职工作，管理学中的"九段秘书"是一个很好的案例。

从"奋斗"来说，邓中夏是"奋斗"的典范。他不仅"做领导"做得优秀，而且"做基层工作"也做得出色。由此可见，奋斗须包含两层含义，一是要有一颗奋斗的心，初心不变，信仰不改；二是要有奋斗的本领，能干事，干成事。就党员干部而言，须有管理的本领，而中国管理的第一人是管仲（约前 723—前 645）。管仲，史称管子，是春秋第一相，也有人称其为中国第一位总理。诸葛亮在《隆中对》中自比管仲，可见其希望成为管仲那样的人。梁启超说："管子者，中国之最大政治家，而亦学术思想界一巨子也。"

《管子》一书由稷下学宫管仲学派收编、记录管仲生前思想、言论而成。今本《管子》76 篇，16 万言，为《论语》的 10 倍、

《道德经》的 30 多倍。《管子》与先秦诸多圣贤文章不同，非一家一派之言，而是管仲 40 年治国理政思想和实践的结晶。可以说，所谓管理，就是《管子》所说的治国理政的道理。要提高管理的本领，《管子》（至少《管子》的某些篇章）是必读的。

《牧民》是《管子》的总纲，而《国颂》则是《牧民》的总纲，是系统思维的典范。经济是基础，"凡有地牧民者，务在四时，守在仓廪"。政治是核心，"上服度则六亲固"，"上无量则民乃妄"。文化是关键，"仓廪实则知礼节，衣食足则知荣辱"，"四维不张，国乃灭亡"。

就"牺牲"而言，革命战争年代的"牺牲"主要是指牺牲生命，和平建设年代的"牺牲"则主要是指牺牲个人利益。

所谓"义"，须做到 5 个字：恭、宽、信、敏、惠。"恭"是自我管理，自律要严，业务要熟。"宽"是宽以待人，勇于承担责任，为下属揽过，荣誉则给下属。"信"是靠谱，要牢固树立下级服从上级的意识，能够补台而不拆台。"敏"是敏锐，研判变与不变，把握机会。"惠"是保障基本福利，真诚对待、主动关爱下属。如此，"恭则不侮，宽则得众，信则人任焉，敏则有功，惠则足以使人"。

（2021）

尊重历史　着眼现实　面向未来

在思政教育中，特别是党史学习教育中，我们应具有"尊重历史""着眼现实""面向未来"的思维方式。"尊重历史"的关键是不能用今天的标准要求过去，而应把历史事件放在具体的历史环境中进行评价。"着眼现实"的关键是面对实际，敢于突破现有束缚，全面深化改革，勇于创新。"面向未来"的关键是具备战略眼光，树立系统观念，把握未来发展的趋势。我们应站在历史与现实的交汇点上，从历史中引出对现实的分析，从现实中开展对未来的设想。

一是尊重历史。"古人不见今时月"，我们对于任何观点和行为的评价，要尊重历史，不应有以"现在"否定"过去"的形而上学的思维。"现在"的某些情况是"过去"所不曾有的，"过去"的人根本没见过"现在"的某些情况，故不能以"现在"去要求"过去"。一个人饿了，吃馒头。吃完第一个，不饱；吃第二个，还是不饱；再吃第三个，饱了。饱了的人就开始发议论："早知吃第三个会饱，就不吃前面两个了！"这种人不尊重历史，是典型的"历史虚无主义"的思维。"事非经过不知难"。评价历史一定要放在当时的具体历史环境下，考虑当时的国际国内环境，考虑当时的政治、经济、文化等诸多条件，否则就是不尊重历史，就不能算是历史唯物主义者。

习近平在2013年1月5日新进中央委员会的委员、候补委员学习贯彻党的十八大精神研讨班开班式上指出，我们党领导人民进行社会主义建设，有改革开放前和改革开放后两个历史时期，这是两个相互联系又有重大区别的时期，但本质上都是我们党领导人民进行社会主义建设的实践探索。中国特色社会主义是在改革开放历史新时期开创的，但也是在新中国已经建立起社会主义基本制度、并进行了20多年建设的基础上开创的。虽然这两个历史时期在进行社会主义建设的思想指导、方针政策、实际工作上有很大差别，但两者绝不是彼此割裂的，更不是根本对立的。所以，"不能用改革开放后的历史时期否定改革开放前的历史时期，也不能用改革开放前的历史时期否定改革开放后的历史时期"。当然，不能否定改革开放前的历史时期，那是从宏观和整体上说的，并不意味着要忽视甚至掩盖"文化大革命"的错误。对于"文化大革命"的错误，党的十一届六中全会通过的《关于建国以来党的若干历史问题的决议》从根本上作出彻底否定的明确结论，指出"'文化大革命'是一场由领导者错误发动，被反革命集团利用，给党、国家和各族人民带来严重灾难的内乱"，"'文化大革命'不是也不可能是任何意义上的革命或社会进步"。这些重要论断，都是我们必须继续牢记的。

二是着眼现实。不用"现在"否定"过去"，同样也不能用"过去"否定"现在"，即习近平强调的"两个不能否定"。所谓着眼现实，就是指不纠缠于前人有没有说过，有没有做过，而是立足于现实的需求，敢于突破不合理的规章制度，全面深化改革，勇于创新，与时俱进。1989年，邓小平在《结束过去，开辟未来》讲话中指出："绝不能要求马克思为解决他去世之后上百年、几百年所产生的问题提供现成答案。列宁同样也不能承担为他去世以后五十年、一百年所产生的问题提供现成答案的任务。真正的马克思列宁主义者必须根据现在的情况，认识、继承和发展马克思列宁主义。"世界形势日新月异，现代科学技术发展迅猛，"过去"不可能为"现在"提供现成的答案，必须用新观点、新思想解决实际问题，否则，一味墨守成规，因循守旧，就会被时代无情地抛弃。中国改革开放以来，世情国情党情不断变化，新情况新问题层出不穷，对此，前人和书本并没有提供现成答案，必须根据现实的情况和时代的要求，勇于突破，大胆创新。中国改革开放的 40 多年，就是不断创新、勇于变革的 40 多年，也是中国快速发展的 40 多年，更是人民生活不断改善的 40 多年。粮票、布票、肉票、鱼票、油票、豆腐票、副食本、工业券等百姓生活曾经离不开的票证已经进入历史博物馆，忍饥挨饿、缺吃少穿、生活困顿这些几千年来困扰我国人民的问题总体上一去不复返了！正如习近平指出的，改革开放极大地改变了中国的面貌、中华民族的面貌、中国人民的面貌、中国共产党的面貌。中华民族迎来了从站起来、富起来到强起来的伟大飞跃！中国特色社会主义迎来了从创立、发展到完善的伟大飞跃！中国人民迎来了从温饱不足到小康富裕的伟大飞跃！所以说，"改革开放是党和人民大踏步赶上时代的重要法宝，是坚持和发展中国特色社会主义的必由之路，是决定当代中国命运的关键一招，也是决定实现'两个一百年'奋斗目标、实现中华民族伟大复兴的关键一招"。

习近平在 2020 年 9 月 11 日召开的科学家座谈会上指出，当今世界正经历百年未有之大变局，我国发展面临的国内外环境发生深刻复杂变化，我国"十四五"时期以及更长时期的发展对加快科技创新提出了更为迫切的要求。"在激烈的国际竞争面前，在单边主义、保护主义上升的大背景下，我们必须走出适合国情的创新路子，特别是要把原始创新能力提升摆在更加突出的位置，努力实现更多'从0到1'的突破。"基础研究是科技创新的源头。我国基础研究在总体上虽然取得了显著进步，但在部分领域同国际先进水平的差距还是明显的。我国面临的很多"卡脖子"技术问题，根子是基础理论研究跟不上，源头和底层的东西没有搞清楚。为此，"基础研究一方面要遵循科学发现自身规律，以探索世界奥秘的好奇心来驱动，鼓励自由探索和充分的交流辩论；另一方面要通过重大科技问题带动，在重大应用研究中抽象出理论问题，进而探索科学规律，使基础研究和应用研究相互促进"。科技创新特别是原始创新要有创造性思辨的能力、严格求证的方法，不迷信学术权威，不盲从既有学说，敢于大胆质疑，认真实证，不断试验。习近平特别强调："原创一般来自假设和猜想，是一个不断观察、思考、假设、实验、求证、归纳的复杂过程，而不是简单的归纳。假设和猜想的创新性至关重要。""科学研究特别是基础研究的出发点往往是科学家探究自然奥秘的好奇心。"

三是面向未来。现实总要发展，形势总会变化，在尊重历史、着眼现实的基础上，我们还要树立战略思维，具备系统观念，把握未来发展的趋势。把握不住未来的发展趋势，不仅"当前"的问题难以很好地解决，而且在未来的发展中也会被别人赶超，失去领先的机会。比如，人才工作就是一项面向未来的工作。正如习近平在2015年3月5日参加十二届全国人大三次会议上海代表团审议时所强调的，"人才是创新的根基，创新驱动实质上是人才驱动，谁拥有一流的创新人才，谁就拥有了科技创新的优势和主导权"。在

2021 年 9 月 27 日召开的中央人才工作会议上，习近平又强调，实现第二个百年奋斗目标，"高水平科技自立自强是关键"，而"人才是自主创新的关键，顶尖人才具有不可替代性"。但人才作为第一资源和国家发展的战略资源，其效益很难在短时期内充分体现，人才工作的长期效益往往会在其后任，甚至后任的后任任期内体现，人才不只是"现货"，更是"期货"，评价人才工作不仅要看当前，更要看长远。这就需要各级领导具备"前人种树，后人乘凉"的胸襟，既要有账房先生之精明，更要有战略家之眼光。

党的十九届五中全会指出，在全面建成小康社会之后，开启全面建设社会主义现代化国家新征程，要深刻认识新发展阶段，全面贯彻新发展理念，着力构建新发展格局。而人才和人力资源是构建新发展格局的重要依托。为此，习近平在 2020 年 9 月 22 日召开的教育文化卫生体育领域专家代表座谈会上强调，一要优化同新发展格局相适应的教育结构、学科专业结构、人才培养结构；二要完善全民终身学习推进机制，构建方式更加灵活、资源更加丰富、学习更加便捷的终身学习体系；三要大力发展职业教育和培训，有效提升劳动者技能和收入水平，通过实现更加充分、更高质量的就业扩大中等收入群体，释放内需潜力。

（2021）

理解青年一代　创新思政教育

青年人之未来，常常被视为国家之未来，而大学生作为青年人的中坚力量和杰出代表，始终被寄予无限的期望。当代大学生的理想信念与价值取向对于整个社会有着重要影响，关乎国家是否能后继有人、党是否能薪火相传、中华民族是否能实现伟大复兴。在庆祝中国共产党成立 100 周年大会上，习近平总书记指出："新时代的中国青年要以实现中华民族伟大复兴为己任，增强做中国人的志气、骨气、底气，不负时代，不负韶华，不负党和人民的殷切期望！"为了引导青年学生在祖国大地上挥洒青春，树立为人民和国家赤忱奋斗、竭诚奉献的坚定理想，思想政治教育所发挥的作用不可替代，而了解和把握青年的思想心态和价值观念则是开展好思政教育工作的前提。

一、丰裕富足的条件塑造出独特代际

当代大学生是在物质观上崇尚个性、在社会观上包容多元、在人生观上追求自我价值的"丰裕一代"。"丰裕"两字不仅诠释了这一代人的物质条件，也塑造出了他们的价值观和认识论，是理解他们的钥匙。在当代大学生的物质观方面，"物为我用"取代了"我为物用"，他们在看重物质的同时并不过于追求物质。与单纯追求金钱、权力、社会地位不同，物质基础是这一代大学生实现人生目标的前提，但他们更加聚焦于自身价值的实现。此外，相对充裕的物质条件以及多元的社会环境也塑造了这一代大学生的社会观。他们所经历的社会形态不断朝着更加富裕、宽容和厚重的方向变迁，自我选择空间前所未有地增加，并且许多选择都能够得到认可和尊重，因此在社会心态上呈现出兼容并蓄的趋势。

同时，当代大学生的人生观则呈现出从"生存"转向"生活"的特征。他们不再用条条框框限定人生，对于"好人生"的理解从外在评价转向了内在体验，他们希望能根据个人的意愿对人生作出选择，"为自己而活"成为共识。他们秉持着推己及人的观念。在评判新生事物、小众文化，以及自己不甚了解的人和事时，他们态度谨慎，并不贸然表态，保持着距离，且持尊重的态度。

二、日新月异的机遇激发出丰富个性

（一）兴趣观上更加注重圈层深耕

依托互联网平台，当代大学生兴趣更加广泛，内容更加多样。基于自身兴趣爱好而作出的个性化选择不仅丰富了他们的课余生活，也促使他们形成不同的圈层，并将其作为一个立足点，积极向外发展，与社会相连接。在实现个体理想的同时，许多大学生通过圈层认识更多志同道合的伙伴，共同参与或组织各类活动，这些也成为其实现自我价值和诉求的良好渠道。

（二）就业观上更加探索多元选择

如今，部分学生在校期间就能够通过深耕兴趣获得人生第一桶金。兴趣不再仅仅承担业余爱好的角色，也为大学生创造出丰富的职业选择方向和机遇，例如短视频制作、网文创作、电竞等。随之而来的是就业观念上的改变，就业期望由以前的"能就业"转向"好就业"，各种隐性、灵活就业方式层出不穷。

（三）婚恋观上更加期待精神匹配

与时代相呼应的还有当代大学生日益多样化的婚姻以及恋爱价值取向。相较于传统保守的婚姻观念，如今有越来越多的大学生选择了更加开放平等的婚姻观，期待自我选择婚姻、追求志同道合伴侣的人数显著增多。大学生更愿意自己寻找配偶，接受男女平等的恋爱和婚姻。

（四）世界观上更加追求平等公正

除了个体发展，国家与社会的环境变化也造就了这一代大学生更为宏大的国际视野。自成长为世界第二大经济体以来，中国参与到越来越多的国际事务中，随之而来的是不断扩大的话语权。这种国家地位以及综合实力的变化也带来了大学生心态的转变，使他们成长为平视世界的一代，面向世界，更加自信，能够更加客观公正地看待国际事务及相关问题。

（五）价值观上更加激发理性觉醒

面对铺天盖地、真假难辨的网络信息，成长于网络时代的大学生群体展现出了理性的一面。这种理性具体体现在他们能够辩证地看待纷杂的网络信息，拥有自身的价值判断，不会轻易被歪曲的价值观所裹挟。这也为开展思政教育奠定了良好的基础。但另一方面，如何帮助大学生树立正确的人生观、价值观，并在复杂隐蔽的网络背景、严峻的国际环境下有效开展思政教育，依然是亟待探索的问题。

三、打造思政教育的"三边形策略"

（一）立足经典、发展未来，以学术延伸政治

坚持用学术讲政治是顺利开展高校思政教育的前提。首先，思政教育工作者应在学习研读中把握经典，打牢学术理论的话语根基，坚持用马克思主义的立场观点方法分析研究问题，加强自身的学术理论修养。其次，在坚守政治立场的同时，教育工作者必须要构建学术话语体系，不断创新发展 21 世纪马克思主义、当代中国马克思主义理论，以确保在知识源头能延绵不断产生新的养分。最后，在思政教育过程中须坚守正确的政治观点和政治立场，善于从政治上看问题，统一价值性和知识性，"让有信仰的人讲信仰"。由此，才能更好地激励大学生坚定共产主义的远大理想，树立爱党爱国的宏大志向，以提升他们的人生"志气"。

（二）立足理论、面向现实，以实践联结思想

社会实践是思政教育与现实环境形成合力的桥梁，思政课的开展须与社会生活密切结合起来，运用社会大课堂，建立校内外互补的实践活动，从而帮助学生做到知行合一。因此，除了理论学习，思政教师也要加强社会实践，只有不断在实践中积累体会和经验，做出表率，才能更好地将知识悟透、说透，并传授给学生，产生良好的榜样效应。此外，要充分响应习总书记提出的"思政课要善用之"的号召，进一步探索资源，结合社会痛点、新闻热点开展案例讨论，紧抓影响学生价值观的德育因素，在实践教学中引导大学生把个人志向与奋斗目标融入党领导的中国特色社会主义事业的新征程中，引导他们勇于承担重任，勇于攻坚克难，从而增强他们的

"骨气"。

（三）立足形式、面向受众，以创新丰富内涵

如今，思政教育的渠道不断增多，形式日益丰富，但依然存在故事讲不深、道理不延伸等问题。对此，应当面向受众探索寻找接受度更高的途径，活用各种平台、各种活动，利用文艺作品等多种手段，以动画、视频等大学生更加喜爱的传播形式进行道理传送与精神感染。例如，结合党史教育，将党史人物与故事以话剧表演的形式传递给学生，在欣赏艺术魅力的同时，也让学生们实实在在地体会到现实与历史的生动交织，感悟红色精神。在开展此类形式的思政教育时，要保证知识的准确性和故事的深刻性，鼓励学生从自身视角进行思辨，从而使大学生能够从鲜活的红色史实中探索出个人与历史之间的联结，不断从党的百年光辉历史中汲取砥砺前行的精神力量，坚定四个自信，夯实奋进的"底气"。

（2021）

从优秀传统文化视角谈伟大建党精神

"坚持真理、坚守理想，践行初心、担当使命，不怕牺牲、英勇斗争，对党忠诚、不负人民。"这是习总书记在庆祝中国共产党成立 100 周年大会上提出的伟大建党精神，是中国共产党精神谱系的源头，是立党、兴党、强党的精神原点和思想基点。伟大建党精神作为中国共产党百年历程的精神之源以及共产党人精神谱系的"总舵"，处处闪耀着中华优秀传统文化的思想光芒，中华优秀传统文化为伟大建党精神提供了强大的精神力量。因此，从传统文化思想溯源伟大建党精神对于深刻理解其中丰富的文化内涵和精神滋养有着重要的意义。

一、伟大建党精神结合传统文化的历史基础

（一）"南陈北李"引发的思想觉醒是伟大建党精神的灵魂

作为国学素养深厚的五四知识分子的代表人物，生于 19 世纪七八十年代的陈独秀与李大钊的教育背景在历史上是绝无仅有的。陈万雄在《五四新文化的源流》一书中写道："传统与近代新式教育参半，新旧学问兼备，中外思想的影响集于一身。"他们深谙传统文化的精华与糟粕，能够辩证地看待中西文化，在肯定中国文化优点的基础上，力图借鉴西方文化的优点来改变当时中国的困境。

他们肩负着"为天地立心，为生民立命，为往圣继绝学，为万世开太平"的社会使命，伴随着十月革命的一声炮响，选定了与传统文化中朴素唯物主义"物质第一性，意识第二性"本体论天然契合的马克思主义，使之与中国本土文化融合、互化。赵世炎在《杂感》中讲到"北李南陈，两大星辰"，生动地揭示了陈独秀与李大钊对于当时活跃于校园的青年学生的思想启蒙与引领作用。1991年10月出版的《中国共产党历史（上卷）》总结归纳"南陈北李，相约建党"，彰显了陈、李两位先生对于中国共产党的建立以及伟大建党精神形成的不可磨灭的功勋作用。

（二）新旧文化思想交融下的新青年促进建党活动的飞速发展

明朝忠臣杨继盛在临刑前曾写下"铁肩担道义，辣手著文章"的千古对联，以示为国为民的担当与勇敢无畏的铮铮铁骨。而李大钊在此基础上结合内忧外患的时代背景巧妙地将此对联中的"辣"字改成"妙"字，来宣传革命精神。其中"道义"是指在内外交困的紧张局势下知识分子以救国救民为己任的担当与目标，而"文章"则指通过抨击反动军阀统治与宣传马列主义以改变中国积贫积弱的局面，从而实现中华民族伟大复兴的愿景与使命。这副对联不仅体现出受传统文化浸润的知识分子所秉持的气节与担当，也折射出当时一批代表性仁人志士的报国理想与远大追求。影视作品《觉醒年代》细致刻画了在新文化运动、五四运动中，那些为追求真理、为改变中国命运甘愿抛洒满腔热血的青年，也多次借李大钊、陈独秀之口阐明，新文化运动实质上反对的是中国传统文化中腐朽没落的封建思想意识，而非全盘否定传统文化。在剧中有这样的桥段，年轻的毛泽东要离开北京，陈独秀和李大钊为他送行。分别前，毛泽东问了陈独秀一个问题："先生，您真的认为，中国的根本问题，是落后的文化传统问题吗？"陈独秀回答道："当然不是，中国传统文化博大精深，谁也否定不了。"陈独秀、李大钊、胡适为首的新思想一派反对的是许多顽固派所坚持的"凡传统的都是对的"等主张，唯有打破这些保守顽固思想，才能促进民主和科学的生成。中华传统文化源远流长、博大精深，孕育着中华民族最深层的精神追求。中华文明之所以能够延绵上下五千年而不断，且拥有强大的生命力，关键之一也在于其所具有的适应性和创造性。随着社会形态的日益更替，中华传统文化能够适应不同时代的文化需求，并能与时俱进、自我更新。在当时的社会大环境下，以陈独秀、李大钊、胡适等为代表的新思想群体认识到了中国思想文化急需重新构建的问题，受传统文化浸润的他们找到了与传统文化精神修养相契合的马克思主义，将传统文化"大道之行，天下为公"的大同社会理想与马克思主义中关于共产主义的思想结合，将中国传统文化中的民本思想与马克思主义群众史观有机融合，改造传统文化，为马克思主义在中国的传播以及中国共产党的诞生创造了有利条件。

二、伟大建党精神结合传统文化的具体表现

一是坚持真理，坚守理想。这是伟大建党精神的起点与基础。坚持真理，指的是坚持马克思主义真理，坚守理想则指的是在此基础上，坚守中国共产党人对共产主义理想信念的追求。坚持真理不仅包含对马克思主义的认识、接受、传播，也包含对马克思主义中国化的实践、探索与发展。1919 年，李大钊便提出：社会主义者"必须要研究怎么可以把他的理想尽量应用于环绕着他的实境"。

1927 年，瞿秋白指出："应用马克思主义于中国国情的工作，断不可一日或缓。"1930 年 5 月，毛泽东著《反对本本主义》，指出："我们的斗争需要马克思主义"，"需要'本本'，但是一定要纠正脱离实际情况的本本主义"。1938 年 10 月，毛泽东在中共六届六中全会上作《中国共产党在民族战争中的地位》的报告，向全党正式提出了"马克思主义中国化"的主张。"使马克思主义在中国具体化，使之在其每一表现中带着必须有的中国的特性，即是说，按照中国的特点去应用它，成为全党亟待了解并亟须解决的问题。"因此，"坚持真理，坚守理想"的要求，不仅在于吸收马克思主义本身所传递的思想力量，更在于必须继续推进马克思主义中国化。这既彰显了中国共产党人理想信念的科学性与真理性，又体现了对中华优秀传统文化的传承和发扬。

中华传统文化中的"知"元素与坚持马克思主义中国化有着不谋而合的逻辑内涵。儒家的"仁义礼智信"一直以来都是中国传统文化价值体系中的核心要素。"知（智）"即知识和理性，体现了中华民族的理性、求真与创新精神。同时它也是实现"仁""义""礼""信"的前提——人对事物认识有了理性把握，才能够获得理性认识；同时，理性知识只有落到实践上，才具有真正的价值意义，这一点与马克思主义中国化的探索与实践有着异曲同工之妙。此外，中国古代哲学中朴素唯物主义的部分与马克思主义哲学存在天然契合点。不少古代思想家为探究理性认识，将世界本源归为某种或某几种具体的物质形态，试图从中探寻人与世界的关系。这些传统文化中倾向于物质第一性、意识第二性的唯物主义思想，与马克思主义有着自然相通之处。

二是践行初心，担当使命。践行初心，就是要践行为中国人民谋幸福的初心；担当使命，就是要担当为中华民族谋复兴的使命。在马克思主义传入中国并得到广泛传播之前，曾有许多立志于救亡图存的爱国志士开展了各种救国之举，但他们纷纷以失败告终。在国家蒙辱、人民蒙难、文明蒙尘之际，中国共产党主动承担起救国救民的责任。1944 年 9 月 8 日，在张思德同志的追悼会上，毛泽东作了题为《为人民服务》的演讲，号召大家学习张思德同志为人民服务的精神。他说道："我们这个队伍完全是为着解放人民的，是彻底地为人民的利益工作的⋯⋯为人民利益而死，就比泰山还重；替法西斯卖力，替剥削人民和压迫人民的人去死，就比鸿毛还轻。"次年，在党的七大上，"中国共产党人必须具有全心全意为中国人民服务的精神"被写入党章。为人民谋幸福，为民族谋复兴，为世界谋大同，是如今中国共产党对建党先驱们历史责任感和时代使命感的生动写照，也是对古代政治传统中民本思想的承袭。

孔子曾提出，在君子的理想人格中，"仁"为关键元素。"仁"的内涵极其丰富，基本含义是"仁者爱人"。孟子在此基础上，将关于"仁"的学说运用在政治中，形成仁政说，并发展出"民贵君轻"的民本思想。明末清初，黄宗羲、顾炎武、王夫之等提出"君客民主"，着重强调"以天下万民为事"。朱熹也曾提出"国以民为本，社稷亦为民而立"。党的宗旨就是为人民服务，以人民为中心，为人民谋幸福，中国古代民本思想为以人民为中心的思想提供了文化源头。不过，传统文化中的民本思想与建党精神中的人民性虽具有一定的传承关系，但也存在明显的区别。由于古代封建社会的历史局限性，其利民富民、重民爱民、忧民恤民的民本思想归根到底是为专制统治服务的，很难做到真正的"以民为本"。而在建党精神的语境中，人民是国家的主人，是历史的创造者。这种阐述既脱离了前者的封建桎梏，又展现出我们党以人民为中心的发展思想与执政理念，使"以民为本"的思想真正落到了实处。

三是不怕牺牲，英勇斗争。这主要体现了早期的共产党人为了实现伟大目标与理想所具有的百折不挠的斗争精神和牺牲精神。据民政部门和组织部门统计，自 1921 年中国共产党成立，到 1949 年新中国成立的 28 年革命斗争岁月里，约有 370 万名党员在革命中牺牲。在追求理想信仰的路上，这些共产主义先驱们不惜以生命为代价，书写了可歌可泣的历史篇章。1927 年，李大钊被捕入狱，牺牲时年仅 38 岁。面对死亡，他凛然道："不能因为你们今天绞死了我，就绞死了伟大的共产主义！"同年，陈延年被捕，刑场上，刽子手喝令其跪下，他高声回应："革命者光明磊落、视死如归，只有站着死，决不跪下！"最后，他被敌人按在地上乱刀砍死，年仅 29 岁。次年，陈乔年在调任江苏后被捕。6 月 6 日，英勇就义，年仅 26 岁。在这样壮烈的牺牲背后，是共产党人的坚强意志、崇高品格和向着理想取得胜利的强大决心。这些党的先驱真正践行了入党誓言：对党忠诚，积极工作，为共产主义奋斗终身，随时准备为党和人民牺牲一切，永不叛党。

在中国历史上，不怕牺牲、英勇斗争的民族英雄数不胜数，"勇"一直是贯穿中华民族传统文化的核心精神之一。子曰："知者不惑，仁者不忧，勇者不惧。"知、仁、勇，是孔子提出的君子标准，知为真理，仁为初心，而勇则为不怕牺牲的精神。孔子认为，"仁者必有勇"，作为一个仁者，必须具备坚毅勇敢的品质与追求，即使牺牲生命也不改变自己的信仰与追求。历史上，有屈原"身既死兮神以灵，魂魄毅兮为鬼雄"，有岳飞"靖康耻，犹未雪。臣子恨，何时灭！驾长车，踏破贺兰山缺"，有文天祥"人生自古谁无死，留取丹心照汗青"，有林则徐"苟利国家生死以，岂因祸福避趋之"。这种为了实现民族大义与家国理想，不怕牺牲、排除万难、争取胜利的勇毅风骨早已深深镌刻在民族精神里，并在建党精神中得到充分体现。

四是对党忠诚，不负人民。对党忠诚，对党员个体来讲是最基本的要求，没有忠诚就无法保持党的组织性、纪律性与纯洁性。这是保证党能持续为目标奋斗、砥砺前行的基础。对于一名共产党员而言，忠诚的首要含义是，要坚定政治立场和政治态度，不断增强"四个意识"，坚定"四个自信"，做到"两个维护"。同时，共产党员的"忠诚"必须始于足下。习总书记2019年7月9日在中央和国家机关党的建设工作会议上指出："对党忠诚必须始于足下。如果连本职工作都没做好，不担当不作为，把党组织交给的'责任田'撂荒了甚至弄丢了，那就根本谈不上'两个维护'！"并且，对党忠诚与对人民的忠诚是一致的。习总书记在建党百年讲话中号召全体中国共产党员，践行党的宗旨，永远保持同人民群众的血肉联系，始终同人民想在一起、干在一起，风雨同舟、同甘共苦，继续为实现人民对美好生活的向往不懈努力，坚持为党和人民争取更大光荣。因此，共产党人更要秉持始于足下的忠诚之心，从本职工作做起，坚守对人民许下的承诺，不辜负人民的重托。

"岂不畏艰险，所凭在忠诚。"作为中华传统文化中核心的价值理念和道德规范，忠于真理、忠于正义、忠于民族、忠于国家、忠于职守，乃人之为人的根本。《论语·里仁》记录了曾子眼中的孔夫子之道："夫子之道，忠恕而已矣！"朱熹对"忠"的解释是：尽己之谓忠。所谓尽己，就是在面对单位和工作，面对家人和朋友时，能够尽最大努力，把自己该做的事情做好，忠于职守。此外，

《论语·学而》云："为人谋而不忠乎?"《荀子·尧问》曰："忠诚盛于内，贲于外，形于四海。"这些宝贵的话语至今仍在滋养着有志之士的胸襟心性，也浸润着中国共产党人的精神世界。

三、结语

人无精神则不立，国无精神则不强；历史川流不息，精神代代相传。优秀的思想、精神总是能够打破时空的限制，交相辉映。在一百年的非凡奋斗历程中，中国共产党人以优秀传统文化为根基，在马克思主义中国化过程中与时俱进，展现红色基因的鲜明特色。以伟大建党精神为源头，在新民主主义革命时期，形成了井冈山精神、长征精神、苏区精神、遵义会议精神、东北抗联精神、延安精神、红岩精神、沂蒙精神、西柏坡精神等；在社会主义革命和建设时期，形成了抗美援朝精神、北大荒精神、红旗渠精神、大庆精神、雷锋精神、焦裕禄精神、西迁精神等；在改革开放和社会主义现代化建设新时期，形成了改革开放精神、特区精神、载人航天精神、女排精神、抗洪精神、抗震救灾精神等；在中国特色社会主义新时代，形成了新时代北斗精神、塞罕坝精神、抗疫精神、脱贫攻坚精神等。

这些宝贵精神财富同中华优秀传统文化一道跨越时空、历久弥新，深深融入我们党、国家、民族、人民的血脉，为立党兴党强党提供了丰富滋养。在未来的征程中，我们要继续弘扬光荣传统、赓续红色血脉，使中华优秀传统文化不断焕发出蓬勃的生命力，让伟大建党精神永续传承、发扬光大。

（2021）

服务民生的平台

——我所参与的开放大学非学历培训工作

2013 年 5 月，根据组织的安排，我担任上海开放大学副校长，分管非学历培训工作，至今已有八个年头。"民之所好好之"，八年里，上海开放大学的非学历培训工作，呼应民意、响应政府、顺应市场，充分融入上海学习型城市建设，开拓了很多项目，培训了众多市民，已然成为开放大学事业板块的重要组成部分。

一、融入上海、建设上海、分享上海——进城务工人员技能文化培训

根据《上海职工素质工程"十二五"发展规划（2011—2015年）》等要求，2013 年 8 月，市教委、市总工会、市妇联决定对本市进城务工人员开展技能文化培训工作，旨在进一步提升本市进城务工人员的文化素养、工作技能和岗位竞争力，此项工作由上海开放大学非学历教育部负责实施。

根据进城务工人员的特点和现实需求，项目确定了"融入上海、建设上海、分享上海"三大主题，围绕三大主题开展了调查研究、培训基地建设、学习资源建设与推送、培训开展等四项内容。

"融入上海"方面，精选"城市文明、法律知识、职业道德、

人际交往、环保知识"等课程，累计培训近 20 万人次。上海开放大学与嘉定区江桥镇（有 20 多万进城务工人员）深度合作，设立了"上海开放大学新村民培训江桥基地"，根据需要开展相关培训，推动新村（居）民融入社区，上海开放大学由此成为江桥镇党委开展区域共建的重要合作伙伴。

"建设上海"方面，建设包括技能培训等方面在内的 26 册读本以及配套的 500 门微课，通过网络（上海学习网）、视频（电信 IPTV）和手机短信方式，向学员推送相关的课程资源。依托开大分校系统、各区县（行业）职业培训机构、中等职业学校，在进城务工人员分布较集中地区打造了 100 个培训基地，重点扶持建设了 19 个培训示范点。技能文化培训在对进城务工人员的文化技能提升和综合素养提升等方面效果明显，培训满意度达 94.5%。

"分享上海"方面，在课程中嵌入"身心健康、子女教育、权利保障、民生福祉"等相关内容，让广大进城务工人员享受上海城市发展带来的各种便利和福利，帮助他们更好地站稳上海、服务上海。从本质上讲，该项目本身就是广大进城务工人员分享上海的重要内容。

该项目有关工作得到了时任市政府分管领导的批示肯定，"市教委依托开放大学体系对进城务工人员提供在职培训，为提升城乡劳动力素养创造了良好的载体和经验"，培训工作也得到了参与培训的基层组织和学员的致谢。

二、提升在岗人员的综合素养和职业能力——"上海百万在岗人员学力提升行动计划"非学历培训项目

"上海百万在岗人员学力提升行动计划"是"进城务工人员

技能文化培训"的升级版，与前者一脉相承。2016 年 11 月，市教委、市总工会决定组织实施"上海百万在岗人员学力提升行动计划"。通过开展开放式的社会培训，提升在岗人员的职业能力和综合素养，推进学力提升与非学历培训的沟通。

2016 年，开放大学非学历教育部以证书培训为导向，完成了公共文化管理类、紧急救助类、计算机应用类等十大类证书培训，共计培训在岗人员 14 480 人。2017 年，以主题巡讲为主要形式，设计了"融入上海""建设上海""分享上海""优秀传统文化"和"家庭生活"5 个大类、30 个专题的名师巡讲，共完成名师巡讲 900 场，巡讲覆盖人群达 45 000 多人。2019 年，采用培训和学历学分融通、线上与线下结合的方式，针对安全意识、生活礼仪等 13 个培训主题，完成线下培训 11 200 人，组织线上学习 12 500 人，每人 24 学时，所获学分存入学分银行。

该项目同时完成工匠精神等 10 个主题 100 集非学历视频课程制作，视频访问量超 20 万人次。通过 APP 等平台推送课程资源 475 集，访问量达 135 万人次；推送短信、微信形式的学习资源 1 150 万条。

"上海百万在岗人员学力提升行动计划"非学历培训项目让广大在岗人员更好地融入了城市生活，提高了在岗人员的基本素养和社会责任感、主人公意识，相关工作得到新华社、中国新闻网、东方网等 20 余家媒体报道和社会广泛好评。

三、幼有善育，我们在行动——托育服务从业人员培训

托育服务事关千家万户、城市未来，是涉及百姓福祉的民生工

程，也是具有发展潜力的朝阳产业。党的十九大报告将"幼有所育"放在民生保障的首位。2018 年 4 月 27 日，上海市关于推进 0—3 岁托育服务工作的"1+2"文件出台，提出要加强托育服务队伍建设。上海开放大学作为上海构建终身教育体系和建设学习型社会的重要平台，充分发挥其系统辐射功能，致力于上海托育服务从业人员的职业道德课程开发、视频资源建设和人员培训等工作，取得了一定成效。

2018—2019 年，上海开放大学成立托育工作领导小组，将托育培训列入年度十大重点任务；组建 100 人的专业培训师资队伍，建设育婴员、保育员等 3 个专业实训室；开发出版职业规范、职业责任、心理健康、安全意识、人文素养 5 本培训教材，以作为职业道德的教育内容，填补了相关领域的空白；依托开放大学系统力量建立"1+7"培训联盟，实现内容、师资、考核、发证四统一；制定健康人格与职业适宜性量表，对学习者进行心理测试和职业道德教育统一考核，颁发由上海市教委托幼工作处监制的合格证书。截至 2020 年 8 月中旬，已累计培训托育从业人员 5 999 人，培训工作获得全市 16 个区托育指导中心的高度评价。

2020 年新冠肺炎疫情防控期间，各托育机构停止开展线下服务。开放大学勇挑重担，充分发挥远程教育的平台优势，在市教委托幼工作处的指导下，主动承担起托育从业人员线上公益培训的职责，联合上海市托育服务指导中心推出"幼有善育，我们在行动"在线课堂，精选课程、优选师资，帮助广大托育从业人员"停工不停学"，做好特殊时期的"充电"工作。至今已推出五次直播课程，累计培训 20 余万人次，全国 30 个省、自治区和直辖市的从业者参与学习。

上海开放大学在托育人才培养领域的工作得到了社会和媒体的广泛关注，中央电视台、《解放日报》、《新民晚报》等 20 多家新闻媒体进行了 120 余次报道，其中 CCTV2、CCTV13 就有 6 次专题报道，这些报道同时被"学习强国"上海学习平台收录，社会效应和品牌效应日益显现。

四、父母好好学习，孩子天天向上——以上海家长学校为载体的家庭教育培训

为积极响应习近平总书记关于"注重家庭、注重家教、注重家风"的家庭教育相关论述，贯彻落实党的十九届四中全会提出的"构建覆盖城乡的家庭教育指导服务体系"要求，在市委、市政府的领导下，在市教卫工作党委和市教委的指导下，上海开放大学持续发力上海家庭教育。2019 年 10 月 13 日，"上海智慧父母成长课堂"正式启动；2019 年 12 月 2 日，"上海家庭教育服务指导中心"成立；2020 年 1 月 21 日，"上海家长学校"隆重成立，陈群副市长参加了成立仪式。上海家长学校发挥系统办学优势，秉持"父母好好学习，孩子天天向上"的家庭教育理念，聚焦社会关切，关注民生所需，提供科学指导，取得了明显成效。

一是发挥系统优势，构建协同服务体系。注重系统化的体系建设，积极发挥开大"大学+平台+系统"的特色，在上海开放大学 20 所分校和上海电视中等专业学校挂牌成立"上海家长学校分校"，在全市范围内布局"1+21+X"的家长学校联盟，建设"市—区—校"三级体系。

二是立足平台联动，打造全方位"空中课堂"。通过在线课堂、电视栏目、电台节目等多种平台，拓宽线上渠道提供指导服务。疫情防控期间，为缓解家长特殊时期的焦虑，陪伴万千家庭共度"宅

家"时光，在线课堂聚焦"有效陪伴""心理调适""网课挑战"等热点话题，"停课不停学"，精选学科来源多样、实践经验丰富的优质师资，以讲座、访谈等多种形式推出每周一期的直播课程，至今已有 20 期，吸引了全国的家长 330 余万人次参与听课。阿基米德电台开设"上海家长学校"专栏，对在线课堂的每期课程进行全程图文直播。上海教育电视台开设《智慧父母成长课堂》专题节目，聚焦学龄前儿童身心发展，助力家庭科学养育。上海家长学校"空中课堂"广受欢迎，来自全市家长的 1 000 余份学习感言满载收获与感谢，相关工作得到《解放日报》、中国新闻网等相关媒体的 300 余篇报道，引发社会各界的关注与热议。

三是加强分类指导，开展线下专题培训。针对不同群体，分层分类启动线下培训指导，推出针对不同年龄段孩子家长的智慧父母成长课堂，针对祖辈教养以及进城务工人员家长的家长公益课堂，针对家庭教育工作者的家庭教育指导师、讲师团培训等系列培训，目前已培训 6 000 余人。举办了上海家长学校主题论坛，分享推广有关科研机构、上海家长学校分校、中小学的研究成果和经验做法，以研讨交流形式开展中小学家长学校校长的培训。

人民城市人民建，人民城市为人民。上海正在努力打造人人都有人生出彩机会、人人都能有序参与治理、人人都能享有品质生活、人人都能切实感受温度、人人都能拥有归属认同的城市。上海开放大学非学历培训工作，正在以自己的努力，积极参与这一进程。市民的需求在哪里，政府的要求在哪里，社会的关切在哪里，上海开放大学非学历教育人的汗水就在哪里。

（2020）

读书的目标、 方法和境界

一

读书的目标，大体上分成四个层次：

第一个层次，因试而读。很多人读书是为了考试，考试是一个很重要的内容。应试教育就是要考试，所以很多人读书是为了考试，功利性比较强。

第二个层次，因事而读。因为工作需要去读。工作离开专业知识是没法开展的，要掌握工作规律、提高工作能力，有关工作类的书必须要读。大家轮岗的时候知道，一轮岗就要重新读书了。为什么？因为从事新的工作，有一系列的书必须要读，要不然新的工作很难开展，这叫"因事而读"。

第三层次，因识而读。"识"是见识。我们在社会上立足，见识要广阔。在工作期间或者学习期间，要有自己的见识，须开阔眼界，拓宽思路。因识而读，功利性没有前面两个层次强，但是也是功利性的。

这三个层次的读书都叫"功利性读书"。

第四个层次，因适而读。"适"是舒适。一个人因为读书而舒服，阅读已经成为生命的一部分，离开了阅读，整个生命就不完整。毛主席在他生命的最后十几个小时还在学习。当时，毛主席已经连话都讲不出来了，只能通过用笔在纸上划三道、在木床点三下的方式，让人找到正在参加大选的三木武夫的有关资料念给他听。孔子也是，在去世的前一天还在学习。所以，他们真正把学习当成生命的一部分。

做人要有敬畏之心，敬畏人生的教育在社区教育里是非常重要的。人生分两个部分：第一个部分是生存和发展。人首先要生存和发展，从读书角度来讲就是前面讲的前三个层次；从学习内容来讲，核心就是用科学武装头脑。如果不以科学武装头脑，我们将寸步难行。所以我们必须讲科学、讲逻辑、讲理性、讲法治。第二个部分是安心。在生存和发展的基础上做到安心、舒适。从读书的视角而言，即因适而读。

有个叫宋德福的人，曾先后担任团中央第一书记、国家人事部部长以及福建省委书记。他有三篇文章：第一篇《我走了，共青团》，这是他离开团中央工作岗位时写的一篇文章；第二篇《人事战线，我留念》，这是他离开国家人事部工作岗位的时候写的；第三篇是《我尽力了，福建》。这三篇文章广为流传，是他用心、用生命写出来的。宋德福同志在人事部上党课时是这样讲的：每个人都会碰到一些思想问题，碰到思想问题的时候怎么办？最关键的是自己学会做自己的思想工作。当然组织做思想工作也是应该的，但更重要的是自己做自己的思想工作。怎么做自己的思想工作？通过读书来转移自己的注意力，来减轻烦恼。关键是以人文养护心灵，读哲学、读艺术、读文学、读历史等。

曾国藩在写给他儿子的家书里面专门提到两种家训，他特别推崇。第一种是《颜氏家训》。这种家训在什么时候起作用？主要在战乱年代。第二种是《聪训斋语》，作者是张英。《聪训斋语》是张英退休离开官场以后写的一本书。这本家训适合和平时期。其中关于读书的一段，他是这么表达的："读书固所以取科名、继家声，然亦使人敬重。"读书除了使人得到功名之外，还会使人得到敬重。"每见仕宦显赫之家，其老者或退或故，而其家索然者，其后无读书之人也。"以前一些官宦之家，后来萧条了、败落了，原因在哪里？就是他的后代没有读书。反过来，"其家郁然者"，兴旺发达，"其后有读书之人也"。读书是金贵的，它不只是为了取得功名。现在来讲，不只是为了高考，不只是为了考公务员。读书本身能够提高你的品质，能够提高你的地位，使你受人敬重。他说："虽至寒苦之人，但能读书为文，必使人钦敬，不敢忽视。其人德性，亦必温和，行事决不颠倒，不在功名之得失，遇合之迟速也。"张英讲的主要就是内在德性的提高、自身素养的提高。他认为，读书的主要目的固然是应付考试、求取功名，但是应付考试、求取功名不应该是读书的唯一目的，读书不但能够充实个人的知识，也能改变人的气质、修养人的品质。

三国时的吕蒙，本来是一个不读书的粗人，后来孙权骂了他，他发奋读书。鲁肃是一个有学问的人，找他议事，好几次都说不过他，鲁肃不得不对他刮目相看。成语"刮目相看"就是从这里来的。这是读书效用的具体体现。张英说："读书者不贱。"从品格修养的角度来说，这句话的意义更真切。张英还说："人心至灵至动，不可过劳，亦不可过逸，唯读书可以养之。"太操劳了也不行，就是我们现在说的过劳死，但是反过来也不能太安逸。"每见堪舆家平日用磁石养针。"风水先生是用磁石来养针的，那么，养心第一妙物是什么东西？是书卷。"书卷为养心第一妙物。"张英认为："闲适无事之人，镇日不观书，则起居出入，身心无所栖泊，耳目无所安顿，势必心意颠倒，妄想生嗔。处逆境不乐，处顺境亦不乐。"不读书的人处顺境的时候不快乐，处逆境的时候更不快乐。"每见人栖栖皇皇，觉举动无不碍者，此必不读书之人也。"指的是坐也不是，站也不是。很多人在家里半小时都待不住，为什么？就是因为不读书。我们很多人是缺乏独处能力的。为什么缺乏独处能力？就是不读书或者不喜欢读书。读书可以明理，它可以改变气质。所以，苏东坡说："腹有诗书气自华。"还有一个人，叫黄庭坚，是苏东坡的学生。黄庭坚说："士大夫三日不读书，则义理不交于胸中，对镜觉面目可憎，向人亦言语无味。"即一个人三天不读书，便面目可憎，语言乏味。这话鲁迅先生也讲过。不读书的人不知道古也不知道今，认为自己怎么这么倒霉，所以日日怨天尤人，反而如春蚕作茧自缚，永远得不到解脱。读了书，你就知道不是太阳不出来，是你自己待在屋子里不出去。王安石说："贫者因书而富，富者因书而贵。"能在书中安顿身心的人是有福气的，我们要在书籍中让身心得到安宁。

以上是第一点：读书的目标。我更多地讲了第四条，就是因适而读。

二

第二个问题就是读书的方法，主要讲从实践中总结出来的团队读书五步法。

第一步是读。一个团队可以定期买一批书，指定某个人主读，其他人也要读。按照《中庸》里面的一句话来讲，就是"博学之"。读的时候要思考。怎么思考？结合你的生活、结合你的工作来思考。《中庸》里的话叫"审问之"。第二步是讲。主读的人在团队里面要讲。第三步是议。讲的时候大家要讨论，叫议，相当于"明辨之"。第四步是写。写，非常重要。大家讨论完以后，主读的人还得把读书体会写出来。一本书的读书报告基本上是五千到一万字，把书里面最主要的东西勾勒出来，这很重要。从讲到写，是一个重大的跳跃，我们一定要训练自己的写作能力。第五步是行，"笃行之"。也就是说，读、想、讲、写出来的东西，还要去做、去实践，"知行合一"。

有一本书叫《了凡四训》，其主题是向上向善、改造命运。这本书分四部分：立命之学、改过之法、积善之方、谦德之效。袁了凡是明朝的人，有一个姓孔的算命先生告诉他，首先他没有功名，只能考取秀才，结果因为袁了凡向上向善，考取了举人、进士；其次他命中没有儿子，结果他向上向善，生了两个儿子；再次算命先生说他只能活到五十三岁，结果他向上向善，活到了七十四岁。所以袁了凡先生的一生，先是算命，再是从命，然后跟云谷禅师交流，知道命运是怎么回事，再改命，最后把自己改造命运的过程写成书教育人。其中有两句名言。第一句是"天作孽犹可违"，即前世带来的不好的结果，可以通过修善积德而改变。还有一句是"自作孽不可活"，即一个人今世还在做坏事，那就必死无疑。这句话非常重要。过去的恶因加上现在的恶缘，必定结恶果。如果过去有恶因，现在把恶缘断掉了，可以不结恶果。有这么一句话："君子乐得作君子，小人冤枉作小人。"即命里没有而得到的，叫做求得；命里有的，不算你求得，本来就是你的，不求也会得到。由此，我们提出三种不同的命运观：第一种命运观是"宿命论"，就是命运是定好的，人力无法改变，听天由命。第二种更糟糕，叫"邪命论"，通过非法的、神秘的途径以取得人生的圆满。这两种命运观都是不可取的，要批判。我们要什么？要"正命论"。"正命论"，就是深信幸福、安乐来自自己一辈子所做的善事。故立命之道，全在自心的修养，这是非常积极的正能量。

三

第三个问题是读书的境界。读书的境界，可以用朱熹的三首诗来概括。

读书的第一种境界就是源头活水。朱熹的《观书有感二首》之一："半亩方塘一鉴开，天光云影共徘徊。问渠哪得清如许？为有源头活水来。"源头活水从哪里来？就是读书。读什么书？毛主席讲：第一叫"有字之书"，第二叫"无字之书"。所谓"无字之书"，就是实践、阅历。一个人的阅历一定要丰富，阅历太简单的人，很多东西是悟不到的，缺乏智慧。为什么呢？因为他没有经历过。而"有字之书"就是阅读。青年时代的毛泽东主要读四类书：第一类书是中华传统的文史典籍；第二类书是近代以来的西方著作和有关西方的著作，西方著作是西方人写的，而有关西方的著作是中国人写的；第三类书就是新文化运动开始以后，国内学者传播新思潮的书；第四类书是《共产党宣言》等马克思主义的书籍。

第二种境界是春水生流，就是长期读有字之书和无字之书，积累到一定程度就开悟了。《观书有感二首》之二："昨夜江边春水生，艨艟巨舰一毛轻。向来枉费推移力，此日中流自在行。"所谓"昨夜江边春水生"可以解释为在量变基础上的质变，豁然开朗。"向来枉费推移力"，如果水太浅，是推不动大船的，而水深了，船就容易动起来。同样道理，一个人写文章，如果没有一定的积累是写不出来的。教师上科学类的课程，要条理清晰、逻辑严密、环环相扣；而上人文类的课程，则要"东拉西扯"。但是"东拉西扯"是有前提的，也就是说教师要积累到一定程度后，也就是"昨夜江边春水生"了，才能"此日中流自在行"，就可以"东拉西扯"了。

第三种境界，可以用朱熹写的《春日》来形容："胜日寻芳泗水滨，无边光景一时新。等闲识得东风面，万紫千红总是春。"最核心的就是"万紫千红"，也就是说读书到一定程度、治学到一定程度，就达到"从心所欲不逾矩"的境界。"等闲识得东风面"，一个人学问深、智慧多，就连发表对日常生活小事的看法，文字都非常美，思想很深刻。

最后，我给大家拆解一个字"路"。中国的汉字是一味中药，里面包含的理念，给人启发，予人警示。道路的"路"可以从三个层面来拆解：

第一个层面就是"路"字的起笔是一个"口"，也就是进口，收笔也是一个"口"，那叫出口。请大家思考一个问题，当你在出口的时候，准备用什么样的学习成果，向你的团队、向你的家人来进行汇报？这是两个口的含义，是第一层意思。

第二个层面就是"路"字是左右结构，左边是一个"足"，表示走路，右边是一个"各"，指每一个人。就是说每个人自己走自己的路，没有人能够替代。所以，读书是不能替代的。比如，团队负责人写发言稿，不能总让团队成员代笔；否则，成员水平提高了，但负责人水平没提高。

第三个层面就是把"路"的两个"口"去掉，剩下"止"和"文"。关于"止"，《大学》里有一句话："知其所止。"就是定位要得体、恰当。那么，我们应该如何定位呢？就要定位于"文"。在《论语》里，"文"是相对于"质"而言的，"质"相当于"读书"前的状态，"文"则相当于"读书"后的情况。我们把"路"用到社区教育里，就是指读书的起点是"质"、终点是"文"。"文"的内容有5条：1.德性有所增强；2.国情有所把握；3.政策有所熟悉；4.知识有所拓展；5.心态有所改善。

（2015）

分论三：社会教育

对"不敢腐、 不能腐、
不想腐" 的认识

一、"不敢腐、不能腐、不想腐" 的由来

对"不敢腐、不能腐、不想腐"的由来,中央纪委研究室原主任李雪勤有过这样的讲述:

"构建不敢腐、不能腐、不想腐的有效机制,是习近平总书记一以贯之的重要思想。根据我查的资料看,习近平同志早在浙江工作时就初步形成了构建不敢腐、不能腐、不想腐机制的设想。他说过:事前教育很重要,通过增强自身'免疫力',让人不想腐败;事后处理也很重要,通过强化警示作用,让人不敢腐败;全过程监督更重要,通过严格制度规范,让人不能腐败。"

"党的十八大以后,习近平总书记在十八届中央纪委二次全会上强调:'要加强对权力运行的制约和监督,把权力关进制度的笼子里,形成不敢腐的惩戒机制、不能腐的防范机制、不易腐的保障机制。'明确讲了'三不',就是不敢腐、不能腐、不易腐。"

"在十八届中央纪委三次全会上,'三不'机制的提法作了调整,从'不敢腐、不能腐、不易腐'变成了'不想腐、不能腐、不敢腐'。在十八届中央纪委五次全会上,习近平总书记进一步提出:'着力营造不敢腐、不能腐、不想腐的政治氛围。'这样'三

不'机制的提法又调整为'不敢腐、不能腐、不想腐'。"

"不敢腐、不能腐、不想腐这个'三不'机制，是中央领导同志在实践中经过反复推敲，直到最后才定型的，是经过实践检验的、成熟的、科学的提法，得到了全党一致的认可，在党的十九大报告中也得到了充分体现。"

二、"不敢腐、不能腐、不想腐"是一个有机整体

习近平总书记在十九届中央纪委三次全会上强调，不敢腐、不能腐、不想腐是一个有机整体，不是三个阶段的划分，也不是三个环节的割裂。十九届四中全会《决定》提出："构建一体推进不敢腐、不能腐、不想腐体制机制。"一体推进"三不"的关键在于理清"三不"之间的内在逻辑，打通三者间的内在联系，增强纪检监察工作的系统性、整体性、协同性，把一体推进"三不"做到实处，推动纪检监察工作高质量发展。

"不敢腐"是前提，指的是威慑、纪律、法治，侧重于保持高压、持续震慑，解决的是腐败成本问题，只有严厉惩治，让腐败者付出惨重代价，才能使意欲腐败者不敢越雷池半步，这是"不能腐""不想腐"的外部环境；"不能腐"是关键，指的是监督、约束、制度，侧重于完善制度、堵塞漏洞，解决的是腐败机会问题，只有扎紧制度笼子、强化监督制约，才能让胆敢腐败者无机可乘，这是"不敢腐""不想腐"的制度保障；"不想腐"是根本，指的是敬畏、政德、觉悟，侧重于坚定理想信念、提高政德修养，解决的是腐败动机问题，只有树立"以廉为荣、以贪为耻"的价值取向，并形成"德者有得、好人好报"的价值导向，才能从思想源头

上消除贪腐之念，这是"不敢腐""不能腐"的内心自觉。不敢腐、不能腐、不想腐，"三不"相互融合、环环相扣，体现了内因和外因、自律和他律的辩证关系。一体推进"三不"是一个层层递进、互为补充的逻辑系统，是内外部因素协同配合治理腐败的过程，体现了反腐败工作从治标为主向标本兼治的逻辑演进。

反腐败斗争不可能毕其功于一役，一体推进"三不"的关键，在于打通"不敢""不能""不想"的内在联系，促使三者相互融合、交互发力，相辅相成、相得益彰。在推进"不敢"的过程中，推动"不能"和"不想"的建设；在推进"不能"的过程中，注重"不敢"和"不想"的互动；在推进"不想"的过程中，强化"不敢"和"不能"的规矩。

三、"发三心"有助于"不想腐"

中央纪委监察部网站曾号召学习《了凡四训》。《了凡四训》是明代宝坻知事袁黄写的一本家训。袁黄，号了凡，浙江嘉善人，他是一位扎根于百姓的平民思想家，同时又是一位百科全书式的通才大家。他博学多才，一生著述近三十部，多达两百余卷，内容涉及天文、地理、水利、农艺、史学、文献学、军事学、教育学、数学、音乐等众多领域，而且"莫不洞悉原委，撰有成编"，称其为旷古奇才毫不为过。《了凡四训》是以袁了凡个人经历现身说法训示子孙的家训，俗称"了凡训子文"，由"立命之学""改过之法""积善之方""谦德之效"四部分组成，其思想核心是"改过""积善"，对后世的道德伦理思想影响深远，被誉为"中国历史上的第一善书"和"东方励志奇书"。曾国藩亦深受《了凡四训》的影响，将其列为子侄人生修养的必读之书。他在日记中记载了读此书后改号"涤生"的原因："涤者，取涤其旧染之污也；生者，取明袁了凡之言'从前种种，譬如昨日死；从后种种，譬如今日生'。"

袁了凡提出的"发三心"，有助于"不想腐"：

一是发耻心。"要发耻心。思古之圣贤，与我同为丈夫，彼何以百世可师？我何以一身瓦裂？耽染尘情，私行不义，谓人不知，傲然无愧，将日沦于禽兽而不自知矣。世之可羞可耻者，莫大乎此。孟子曰：耻之于人大矣。以其得之则圣贤，失之则禽兽耳。""耻"，就是羞愧。为什么要发羞耻心？想想古时候的圣贤，和我一样，都是男子汉、大丈夫，为什么他们可以流芳百世，大家还要以他们作为榜样；而我为什么这一生就搞得身败名裂呢？这都是因为自己过分贪图享乐，受到种种坏环境的污染，偷偷做出种种不应该做的事，自己还以为旁人不知道，目无国法，毫无惭愧之心；就这样天天地沉沦下去，同禽兽一样了，自己却还不知道。世界上，令人可羞可耻的事情，没有比这个更大的了。孟子说："一个人最大的、最要紧的事情就是这个'耻'字。"为什么呢？因为晓得这个"耻"字，就会把自己的过失尽量改掉，就可以成为圣贤；若不晓得这个"耻"字，就会放肆乱来，失掉人格，便和禽兽相同了。

二是发畏心。"要发畏心。天地在上，鬼神难欺，吾虽过在隐微，而天地鬼神，实鉴临之，重则降之百殃，轻则损其现福，吾何可以不惧？不惟此也。闲居之地，指视昭然；吾虽掩之甚密，文之甚巧，而肺肝早露，终难自欺；被人觑破，不值一文矣，乌得不懔懔？""明则千百年担负恶名，虽孝子慈孙，不能洗涤；幽则千百劫沉沦狱报，虽圣贤佛菩萨，不能援引。乌得不畏？"所谓"举头三尺有神明"，而且"若要人不知，除非己莫为"，我们常常会觉得自己掩饰得不错，其实那是自欺欺人。我虽然把过失遮盖得十分严密，掩饰得十分巧妙，但实际上，我的言谈举止、气质神态早已表现出来，出卖了我。若是被人看破，人格更是变得一文不值，这又怎能不畏惧呢？所以，我们一定要有敬畏之心。习近平总书记在2014年1月7日中央政法工作会议上，警告那些害群之马："别看你今天闹得欢，小心今后拉清单，这都得应验的。不要干这种事情。头上三尺有神明，一定要有敬畏之心。"

三是发勇心。"须发勇心。人不改过，多是因循退缩。吾须奋然振作，不用迟疑，不烦等待。小者如芒刺在肉，速与抉剔；大者如毒蛇啮指，速与斩除，无丝毫凝滞。此风雷之所以为益也。""勇心"，即勇猛心，要有勇气去治自己的坏习惯。一个人之所以有过不改，多是因为得过且过，不肯振作奋发而自甘堕落。改过一定要下定决心、振奋精神、勇往直前。小的过失，像尖刺戳在肉里一样，要赶紧挑掉；大的过失，像手指头被见血封喉的毒蛇咬到一样，要立即切掉，不能有丝毫犹疑，要迅雷不及掩耳，越快越好。总之，对自己的毛病习气要"赶尽杀绝"，对别人则要厚道三分，即"严以律己，宽以待人"。

（2019）

廉洁自律是重要的"政德"

中共中央、国务院印发的《新时代公民道德建设实施纲要》指出，公民道德建设既要面向全体社会成员开展，也要聚焦重点、抓住关键，并列出了三大重点群体。党员干部排在首位，因为党员干部的道德操守直接影响着全社会道德风尚，正如孔子所言："君子之德风，小人之德草。草上之风，必偃。"为此，党员干部要"加强思想道德和党纪国法教育"（十九届四中全会《决定》），强化"政德"修养，坚持法律红线不可逾越、道德底线不可触碰，在严肃规范的党内政治生活中锤炼党性、改进作风、砥砺品质，践行忠诚老实、公道正派、艰苦奋斗、清正廉洁等品格，正心修身、慎独慎微，严以律己、廉洁齐家，在道德建设中为全社会作出表率。

廉洁自律是重要的"政德"。东汉的王逸说："不受曰廉，不污曰洁。"不接受他人馈赠的钱财礼物，不让自己清白的人品受到玷污，就是廉洁。《中国共产党廉洁自律准则》对党员和领导干部廉洁自律分别提出了要求，概括地说，就是要公私分明，克己奉公，清白做人，干净做事；严格自律，尚俭戒奢，廉洁从政，修身齐家。

利益得失面前要学会算大账。习近平同志在任浙江省委书记时，曾给领导干部语重心长地算了"三笔账"。一是利益账。我们党以全心全意为人民服务为根本宗旨，把党和人民的利益放在首位，而不应该去追求那些个人的私利；即使从个人利益上讲，现在领导干部都有一份稳定的收入，组织上从工作考虑给了许多必要的待遇，到退休时还可以每月拿退休工资，享受医疗、养老等方面的优厚待遇。细细算起来，我们得到的已经很多了，应该十分珍惜。在这种情况下，如果经受不住蝇头小利的诱惑而铤而走险，去做那些违法乱纪的坏事，极不应该，也很不值得。二是法律纪律账。每个领导干部都应该学法、知法、懂法、用法，特别是对待人、财、物问题，对待事关个人和家庭利益的问题，更要坚持原则，自觉遵纪守法。在张口的时候要想一想该不该说，在伸手的时候要想一想后果是什么，在迈腿的时候要想一想这是不是自己该去的地方。千万不要放松警惕，以为吃一点、拿一点、玩一玩没关系。"千里长堤，溃于蚁穴"，任何事物发展总是从量变到质变的。也千万不要有侥幸心理。"手莫伸，伸手必被捉"，党和人民在监督，众目睽睽难逃脱。违法犯罪终要受到法纪制裁，到那时悔之晚矣。三是个人的良心账。组织上把一个干部培养起来很不容易。今天党把你放在这个岗位上，期望你能正确运用权力来为人民服务，而不是谋取个人私利，结果你却自己把自己打倒了，怎么对得起组织、对得起人民、对得起家人？这从良心上也说不过去。有的腐败分子即使一时隐藏得较深，暂时没有暴露出来，但整天惶惶不可终日，提心吊胆地过日子，每时每刻都在受道德和良心的审判，这样的生活有什么意义？这"三笔账"算下来，即便是从个人得失考虑，也应该廉洁自律，不应该去干那种贪赃枉法的蠢事。

清朝有位汪辉祖（1730—1807），字焕曾，号龙庄，浙江萧山人。23 岁开始在江苏、浙江各地 16 位官员幕内充当幕宾（师爷），长达 34 年之久。45 岁中进士，57 岁为湖南宁远知县，61 岁为道州牧。返回故里后，定居县城苏家潭，享年 78 岁。汪辉祖的《佐治药言》《续佐治药言》介绍了自己如何做幕宾，而《学治臆说》《学治续说》《学治说赘》则记述了自己做地方官的经历与感悟。这五本书对干部的"政德"建设很有参考价值，其中关于干部的廉洁自律，《学治臆说（卷下）》和《学治续说》中的有关论述特别有意义。

1. 不节必贪。"人即不自爱，未有甘以墨败者。资用既绌，左右劾忠之辈，进献利策，多在可以无取可以取之间，意谓伤廉尚小，不妨姑试，利径一开，万难再窒。情移势逼，欲罢不能，或被下人牵鼻，或受上官掣肘，卒之，利尽归人，害独归己，败以身殉，不败亦殃及子孙，皆由不节之一念基之。故欲为清白吏，必自节用始。"

2. 嗜好宜戒。"一人之身，侍于旁者，候于下者，奔走于外者，不啻数十百人，莫不窥伺辞意，乘间舞弊。不特声色货利，无一可染，即读书赋诗，临池作画，皆为召弊之缘。……人非圣贤，谁无嗜好？须力自禁持，能寓意于物，而不凝滞于物，斯为得之。"所以，清朝的张英说："人生于珍异之物，决不可好。"收藏本来并不是什么罪恶，但因为对象都是物，于是就会引动人心中的贪念，往往不择手段，伤人害己。像东晋的石崇，与王恺斗富摆阔，假借权势地位放纵收藏珍宝的欲望，终于引来杀身之祸。另外，为了得到某一个特殊的无价宝，竟然不务正业、抛妻别子去追求，或者变卖家产去购置，那就走火入魔，陷入"玩物丧志"的牢笼而不可自拔了。当然，生活中有一种小小的嗜好，不占用自己太多的时间、精力、财力，偶尔与同好交换共赏，这种收藏是可以存在的。

3. 饮酒宜有节。"豪士文人，类多善饮。必止酒而后可为治，势所难行，然不为之节，最易误事。即于事无误而被谴者，必曰'适逢使酒（因酒使性）'，即官声之玷矣。余佐幕时，主人多善饮者，皆与之约，非二更扃（关门）宅门后不得举杯，故不必有止酒之苦，而未尝居耽饮之名。"

4. 至亲不可用事。"谚曰：'莫用三爷，废职亡家。'盖子为少爷，婿为姑爷，妻兄弟为舅爷也。之三者，未必才无可用，第内有蔽聪塞明之方，外有投鼠忌器之虑：威之所行，权辄附焉，权之所附，威更炽焉。……事非十分败坏，不入于耳，迨入于耳，已难措手，以法则伤恩，以恩则坏法。三者相同，而子为尤甚。……余佐幕三十年，凡署中有公子主事者，断不受聘。"

5. 勿使家人有居官之乐。"造物劳我以生，无论在官在家，总无逸居之日。仕路何常，宜止则止。顾有知止而不获止者，大率家人累之。家人乐于在官，即有不能去官之势。故居官时须使宅门以内，仍与居家无异。女红中馈，不改寒素家风，则家人无恋于一官，而退计不难自决矣。"据记载，曾国藩家的女眷，每天都要进行体力劳动。从洗衣、做饭、腌制小菜，到纺线、绣花、缝衣做鞋，都要亲力亲为。从早上睁开眼睛，直到睡觉，基本上不得休息。同治七年，曾国藩为家中女眷制定了劳作日程表：早饭后，做小菜、点心、酒酱之类，食事。巳午刻，纺花或绩麻，衣事。中饭后，做针黹刺绣之类，细工。酉刻，做男鞋、女鞋或缝衣，粗工。当时每晚南京城两江总督府内，曾国藩秉烛夜阅公事，全家长幼女眷都在麻油灯下纺纱绩麻，成为中国历史上的一幅动人画面。

6. 清不可刻。这个"刻"字，指刻薄、尖刻、苛刻，既包括对属下苛责，也包括用法严苛，还包括在施政中偏执、强硬，不近人情。"清特治术之一端，非能是遂足也。尝有洁己之吏，傲人以清，为治务严，执法务峻，雌黄在口，人人侧目，一事偶失，环聚而攻之。不原其祸所由起，辄曰'廉吏不可为'。夫岂廉之祸哉？盖清近于刻，刻于律己可也，刻以绳人不可也。"晚清刘鹗的小说《老残游记》这样说："清廉人原是最令人佩服的。只有一个脾气不好，他总觉得天下人都是小人，只他一个人是君子。这个念头最害事的，把天下大事不知害了多少！""赃官可恨，人人知之；清官尤可恨，人多不知。盖赃官自知有病，不敢公然为非；清官则自以为不要钱，何所不可？刚愎自用，小则杀人，大则误国。"小说中的两个人物玉贤和刚弼，就是以清廉自居但同时又刚愎自用、滥施重刑、草菅人命的酷吏形象。康熙皇帝对清官的认识就很深刻，他在一道诏书中说："清官多刻，刻则下属难堪，清而宽方为尽善。朱子云：'居官人，清而不自以为清，乃为真清。'"康熙皇帝当然不是鼓励贪污，而是不希望出现"水至清则无鱼，人至察则无徒"的局面，使国家机器无法正常运转。《施公案》中的主人公施世纶，是清靖海侯施琅之子，在民间素有"施青天"之誉，被康熙皇帝称为"江南第一清官"。有人荐其出任湖南按察使，康熙皇帝说："朕深知世纶廉，但遇事偏执，民与诸生讼，彼必袒民；诸生与缙绅讼，彼必袒诸生。处事惟求得中，岂可偏执？如世纶者，委以钱谷之事，则相宜耳。"最终改授其为湖南布政使。可见，康熙皇帝对清官的使用是很有智慧的。

（2019）

德者有得　好人好报

　　20 世纪 40 年代初期，上海滩出现了一本奇书，这是一本叫《保富法》的小册子，该书虽名为"保富"，实则教人舍财为善。书中讲了许多人的故事。如范仲淹是个穷秀才的时候，心中就念念不忘救济众人。后来做了宰相，便把俸禄全部拿出来购置义田，赡养一族的贫寒。后来，他的四个儿子都发达显贵，分别做了宰相、公卿、侍郎，而且个个都是道德崇高的楷模。又如元朝的耶律楚材和清朝的林则徐、曾国藩、左宗棠等人，都是"仁者以财发身"的典范。"惟有消极地克己，才能够积极地利人；惟有舍财不贪，才能兴办公众的利益；惟有谦卑退让，才能格外地令人尊敬钦佩，做事也格外顺利，容易成功。开始似乎是吃亏，后来仍然是会得到大便宜的。"反之，因自身的道德欠缺、智慧不够，虽积累巨额财富却被一代、二代、三代败光者不计其数，正所谓"有意栽花花不开，无心插柳柳成荫"。要之，正如司马光所言，"积金以遗子孙，子孙未必能守。积书以遗子孙，子孙未必能读。不如积阴德于冥冥之中，以为子孙长久之计"。积金不如积德，能长久受用且能真正庇荫子孙的是积善家风等精神财富，而并非金银珠宝类的物质财富。

　　撰写《保富法》这本奇书的是一位奇人，叫聂云台。他于1880 年出生于湖南衡阳聂氏家族，名其杰，号云台，排行第三。聂氏家族是一个不折不扣的名门望族，其祖先聂继模（乐山公），学以实用为主，期于济人利物，清初在衡山开了一家小中药铺，以优秀的医术济世救人。他自我规定每月初一和十五实行义诊，不仅对来店抓药的贫民义诊，还主动去县监狱为犯人们义诊送药。后来，其子聂涛在陕西镇安县做了县官，他便亲作《诫子书》，教导儿子莫因镇安县地僻、官小、责轻而偷安藏拙、磨钝意志，而须有担当精神。衡阳聂氏家族以"三代进士、两世翰林"显赫一时。聂云台1893年考取秀才，并在上海跟外国人学英语及电气、化学工程等专业，同年赴美国留学，回国后致力于"实业救国"。1912年，他在恒丰纱厂率先废弃蒸汽锅炉，改用电动机，使其成为中国第一家采用电力的纺织厂。次年，他有感于上海东区劳动人民子女失学者众，且无良好之学校，遂决定建屋兴学。两年后，所建校舍落成，命名为聂中丞公学，以纪念其父聂缉椝（1941年更名为缉椝中学，1951年改名为上海市东中学）。1917年，与黄炎培在上海组建中华职业教育社，任临时总干事。1920年，由于聂氏企业的发展，他成为工商界的风云人物，担任上海首任总商会会长。1923年，外国资本蜂拥而来，中国民族资本遭受重大打击，他所经营的各企业都遭受巨大损失。

1926年，聂云台发起"家庭集益会"，并制定相关的制度，全家聚会探讨交流家教和家政。会议每周一次，星期日下午二时半在辽阳路崇德堂宅举行。"家庭集益会"还创办了每十天出一期的《聂氏家言旬刊》，并在亲友中发行。留存的第109期《聂氏家言旬刊》里记载：在第七次家庭集益会上，"老太太"（聂云台之母、曾国藩之幺女曾纪芬）对于当时劳工例假制度逐渐发达的反应是，"练习服劳，自己受用不浅"，"我辈若不习劳，使自己能生产，他日必有饥饿之时，悔无及已"。晚号崇德老人的曾纪芬之所以有这样的反应，是因为曾国藩家的女眷们，每天都须进行体力劳动。这是曾家的家风，曾纪芬带到了聂家。几十年间，曾纪芬的房间里都置有一台手摇式纺机和一台缝纫机，她坚持每天晚饭后纺一两棉花，凡能自己动手的事，决不让人替代。

像聂家和曾家这样"向善向上"的家庭、家教和家风建设在我国有着特别重大的意义。在浙江绍兴嵊州金庭镇，有金庭王氏，它是琅琊王氏的分支，以王羲之为一世祖、王操之为二世祖，繁衍至今已有59世（我是金庭王氏第56世孙），家族主要聚居地以华堂为中心，包括观下（我出生并长大于观下）、孝康、岩头等诸多村落。在东晋的士族中，像王羲之的后裔们这样一直聚集一地的，是一个奇迹。特别值得一提的是，从金庭王氏后代中走出的120余位官员没有一人因贪污而被罢官。从南北朝以来，金庭王氏后代共走出20位御史，都留下了廉明、正直的口碑。其根由何在？《金庭王氏族谱》序文中的"金庭王氏家训"作出了回答：上治下治，敬宗睦族；执事有恪，厥功为懋；敦厚退让，积善余庆。"上治下治"，即长辈要以身作则，晚辈则安分守己。"敬宗睦族"，即孝敬长辈，和睦亲族。"执事有恪"，即干事须谨慎，讲规矩，有敬畏之心，进退讲究分寸。"厥功为懋"，即建功立业，树立榜样，以此勉励自己和子孙努力向上。"敦厚退让"，即为人要老实厚道，谦逊礼让。"积善余庆"，即多积德，多行善，恩泽及于子孙。

习近平总书记在2016年12月12日会见第一届全国文明家庭代表时说过："家风好，就能家道兴盛、和顺美满；家风差，难免殃及子孙、贻害社会，正所谓'积善之家，必有余庆；积不善之家，必有余殃'。"如果作恶，必遭严惩。习近平总书记2014年1

月7日在中央政法工作会议上指出，对于那些害群之马，一定要坚决清除。"别看你今天闹得欢，小心今后拉清单，这都得应验的。不要干这种事情。头上三尺有神明，一定要有敬畏之心。"

　　"德者有得、好人好报"，是《新时代公民道德建设实施纲要》（中共中央、国务院2019年10月印发实施）推崇的价值导向。《保富法》说得好，"惟有孝悌忠厚的家庭，修德积善的后代，才能够确实地保有家业，并且是可大可久啊"。

（2020）

上海社区教育的发展模式研究

社区教育是我国终身教育体系的重要组成部分，是学习型社会建设的重要内容。上海社区教育经历了30余年的发展历程，始终坚持以改革创新为思想引领，以开放、普惠、共享、优质为发展理念，以促进市民终身学习和终身发展为最终目标，不懈探索，在全国社区教育领域确立了重要地位。

一、上海社区教育的发展阶段

1999年，国务院批转教育部《面向21世纪教育振兴行动计划》，提出"开展社区教育实验工作"。21世纪以来，上海主动迎接终身教育蓬勃发展的时代趋势，积极适应上海经济社会发展的内在需要，持续探索社区教育发展模式。整体而言，上海社区教育发展模式的形成大致经历了四个阶段。

（一）实验探索阶段（2000—2005年）

实验探索阶段的主要特点是先行先试、探索经验。2001年4月，上海印发《关于加强本市社区教育工作的意见》，进行顶层设计；同年9月，又印发《上海市社区学校设置暂行规定》，开始探索社区学院、社区学校的建设和运行。2001年，教育部正式开展社区教育实验区工作，上海市闸北区、嘉定区、浦东新区3个区入围。目前，上海 16 个区全部进入全国社区教育实验区名单。2004
年，教育部印发《关于推进社区教育工作的若干意见》，阐述了社
区教育发展的目标、方法。2005 年起，市教委开始推广社区教育实
验项目、实验街镇工作，鼓励基层创新。社区教育实验工作的开展
使得社区教育被纳入各级政府的规划中，获得了相关部门的认可。

（二）推广普及阶段（2006—2010 年）

推广普及阶段的主要特点是政策引领、全面推进。2006 年 1
月，上海市委市政府印发《关于推进学习型社会建设的指导意见》，
将"完善社区教育"作为终身教育体系构建的首要任务，明确了社
区教育在学习型社会建设中的地位和作用。该阶段的主要建设成果
具体体现在以下六个方面：1. 领导体制建立健全；2. 社区教育体系
初步完善；3. 经费投入显著增加；4. 学习型组织创建广泛开展；
5. 社区教育统计制度正式实施；6. 在线学习平台基本成型。上海的
社区教育经验不断推陈出新，将社区教育推向了一个新高度，在全
国产生了很大的影响。

（三）规范成型阶段（2011—2015 年）

规范成型阶段的主要特点是完善制度、规范发展。许多在实验
中形成的经验开始以制度的形式固定下来，并推广应用。2011 年，
上海颁布实施《上海市终身教育促进条例》，将社区教育纳入法律
保障的范畴。同年，印发《上海市学习型社会建设与终身教育促进
三年行动计划》，对社区教育提出了若干要求。各区（县）也纷纷
出台社区教育政策与规划，将社区教育纳入发展规划中。此外，专
门推动三大平台建设：上海电视大学更名为上海开放大学，成为推
动上海市学习型社会建设的服务平台；建立上海终身教育学分银
行，成为各级各类教育培训成果相互衔接的沟通平台；组建上海终

身教育研究院，成为终身教育的研究平台。

（四）转型创新阶段（2016 年至今）

转型创新阶段的主要特点是提升品质、拓展内涵。2016 年，《教育部等九部门关于进一步推进社区教育发展的意见》（教职成〔2016〕4 号）、《上海市教育委员会等七部门关于进一步推进本市学习型社会建设的若干意见》（沪教委终〔2016〕9 号）等文件印发，成为指引社区教育在新时代发展的纲领性文件。该阶段上海社区教育工作有"五个转变"：1. 从强调实体网络布局向增强服务能力转变；2. 从依靠政府主导推动向鼓励社会协同参与转变；3. 从丰富学习资源向提升学习品质转变；4. 从满足市民学习兴趣向引领市民学习需求转变；5. 从推进教育信息化向加快教育智能化转变。

二、上海社区教育的模式分析

上海社区教育在市委市政府的正确领导下，在市教委的具体指导下，在全市社区教育工作者的共同努力下，创造了以"体制机制与法规制度、服务指导与办学体系、师资培养与队伍建设、课程资源的建设推广、教育对象的精准服务、学习方式与教学模式、信息平台的开放共享"为核心内容的上海社区教育发展模式。

（一）体制机制与法规制度

1. 综合协调的管理体制

在全国率先开展社区教育的顶层设计，组建跨部门的综合管理体制和业务指导体系，进行宏观规划决策和统筹指导协调。2006 年，成立由 13 个单位组成的"上海市推进学习型社会建设指导委员会"；2010 年，在此基础上组建"上海市学习型社会建设与终身教育促进委员会"，20 位市委市政府相关委办局领导任委员会委员。市教委专门设立了终身教育处，具体承担委员会办公室的日常工作。同时，各区（县）也建立了相应的组织机构，逐步形成了市区联动的终身教育管理体制。

2. 健全完善的运行机制

（1）统筹推进机制。上海在推进社区教育进程中逐步形成了跨部门的统筹推进机制，将教育与组织、宣传、人社、科技、文化、民政、财政、工会、妇联等相关部门联合起来，形成了良好的发展格局。

（2）经费投入机制。各级政府都能以文件的形式设立社区教育专项经费，列入政府经常性财政开支，按社区常住人口落实人均教育经费，并保证逐年增加社区教育经费投入。

（3）资源共享机制。突破体制障碍，通过资源整合，最大限度地实现社区教育资源共享。各级各类学校不断开放学习场所和教育设施，各类社会资源充分发挥社会教育职能，为学习者提供公益性教育服务。

（4）学习监测机制。2016 年，上海市民终身学习需求与能力监测中心落户黄浦区社区学院，成为市民终身学习需求与能力监测的数据库和研究基地，服务终身教育决策咨询，助力上海社区教育发展。

（5）激励表彰机制。定期开展"百姓学习之星""终身学习品牌项目""优秀成人继续教育院校（培训机构）""社区教育、老年教育文艺成果优秀作品"评选，大力宣传社区教育的先进典型，营造终身学习的环境氛围。

（6）学分认定机制。2012 年，上海启动建立以学分认定、积累和转换为主要功能的终身教育学分银行。截至 2017 年 7 月，已有 6 190 个社区教育课程班级进入学分银行社区教育课程目录，289 311 人在学分银行积累了社区教育学习成绩，初步形成了社区教育课程认证和学习成绩积累的运行机制。

3. 示范引领的法规制度

为了保证社区教育工作持续、稳定地发展，上海适时出台指导性文件，对阶段性工作提出方向和措施。《上海市终身教育促进条例》从管理制度、经费投入、师资队伍、资源共享、督导监管、教育统计等方面为社区教育提供了法律保障。此外，上海还在体系构建、资源共享、经费投入、队伍建设、信息化应用、学分银行建设等方面建立了一系列全国首创性制度，包括社区教育统计制度、社区教育机构和从业人员资质和能力制度、终身教育质量保障制度、市民终身学习能力监测与评价制度、上海社区学校内涵建设标准等，保障了上海社区教育的可持续发展。

（二）服务指导与办学体系

1. 搭建社区教育服务指导平台

2007 年 11 月，上海市人民政府依托上海远程教育集团组建上海市学习型社会建设服务指导中心（以下简称市学指中心）。市学指中心的工作职能主要有：负责对全市社区教育系统的业务工作进行指导、协调和服务；组织开发本市终身教育教学资源；承担全市终身教育网络大平台的建设、运行和维护工作，构建终身教育学习服务保障体系；研究制订学习型社会建设评估指标体系和终身教育评价指标，并组织和承担终身教育工作队伍的建设和培训工作；组织开展调研及理论研究工作，为市政府和上级主管部门提供决策依据。

2. 架构覆盖全市的社区教育体系

上海的社区教育机构建设大致经历了从实体化、标准化再到内涵化的阶段。为方便市民就近学习，打造了纵向到底、横向到边的社区教育四级办学网络，包括 1 个上海社区学院、16 家区级社区学院、212 所街镇乡社区学校、5 275 个居村委学习点。

（1）上海社区学院发挥整合服务功能。上海社区学院是上海开放大学设立的专门从事社区非学历教育的特色学院，是社区非学历教育的公益性办学实体，主要有五大职能：构建面向社区的非学历教育系统；开展面向社区成员的各类非学历教育培训；开展面向社区的非学历教育相关资源建设；开展面向社区的非学历教育平台建设以及探索服务社区基层党建的工作。

（2）区级社区学院发挥综合指导作用。按照《教育部等九部门关于进一步推进社区教育发展的意见》要求，区级社区学院配合区教育行政部门开展社区教育工作，主要功能为：业务指导、课程开发、教育示范和理论研究。按照市教委《关于推进本市社区学院建设的指导意见》要求，区级社区学院建设要努力实现四大功能：区域内成人中高等学历教育的重要载体、职业技能培训的整合平台、社区教育的主要场所和市民终身学习的指导中心。

（3）街镇乡社区学校发挥骨干作用。2001 年印发《上海市社区学校设置暂行规定》，2014 年印发《关于开展全市社区学校标准化建设和乡镇成人中等文化技术学校内涵建设的通知》，社区学校的教学条件不断改善。2016 年，全市各街道社区（成人）学校共举办非学历班 58 155 个、学历班 641 个、职业培训班 931 个。很多社区学校因地制宜，探索出品牌化发展道路。

（4）居村委学习点发挥基础保障作用。居村委学习点是街镇社区（成人）学校的延伸和补充，拓展了社区教育的覆盖面，成为社区教育的基础和生长点。

（三）师资培养与队伍建设

1. 社区教育师资队伍状况

上海高度重视社区教育队伍建设，通过专任制、委派制、招聘制、聘请制和自愿制等办法，吸引企事业单位、社区、社会组织的专业人才参与社区教育，鼓励社区教师和学校教师之间合理流动，组建了社区教育专职工作者队伍、兼职教师队伍和志愿者队伍三支队伍，努力打造与时代发展相适应的专业化工作者队伍。（1）专职工作者是指在社区内专门从事社区教育管理或教学工作的人员，是社区教育队伍的骨干，主要包括区级社区学院中专门从事社区教育工作的人员以及教育系统内委派到社区学校任教或街镇派到社区学校专职任教或管理的在编人员。截至 2016 年底，全市各区社区教育专职工作者人数为 1 416 人。（2）兼职教师是指在街镇社区学校或居村委办学点担任教学工作的相对固定的非在编人员，他们是社区教育师资队伍的主体。截至 2016 年底，全市社区教育兼职教师人数为 6 595 人。（3）志愿者队伍是指热心社区教育工作，自愿为社区教育提供服务和帮助的人员，他们是社区教育师资队伍的重要补充。上海于 2014 年成立了社区教育志愿服务总队，目前志愿者队伍人数达 11 000 多人。

2. 社区教育师资队伍建设

（1）制度保障。在稳定社区教育师资规模的同时，上海也在研究保障师资队伍可持续发展的策略。《上海市终身教育促进条例》规定终身教育专职人员享有同等教师待遇。2013 年起，上海开始执行社区教育专职教师的职称评聘制度，解决专职人员的岗位晋升、专业发展问题。完善社区教育师资库数据，为社区教育师资信息共享、师资力量调配提供支撑。探索志愿者和推进员队伍建设制度，普陀区制定了《普陀区终身学习推进员工作条例》，明确推进员的六大工作职能；闵行区制定了《闵行区社区教育志愿者工作站章程》，促进其规范化发展。

（2）组织培训。邀请知名的专家学者成立讲师团，建立多元分层高质量的培训体系，覆盖各区社区学院院长、社区学校校长、骨干教师、志愿者、团队领导、统计员等各类群体，贯通初级、中级、高级等能力层级，保障培训活动的质量水平，开阔社区教育工作者的思维视野，提升工作能力。连续组织三届教学评比活动，为全市社区教育专兼职教师搭建展示平台，培养一大批市级社区教育名师。

（3）课题研究。成立上海社区教育青年研究沙龙，组建研究小组，定期开展学术交流，邀请专家进行点评指导，提升青年队伍的科研创新能力。依托16所区级社区学院成立了18个社区教育课程联合教研室，形成了一支300多人的教研队伍，以课程建设为核心，打造市级社区教育推广课程。组建社区教育市级教材编写团队，以教材资源建设带动师资队伍的专业素养。

（四）课程资源的建设推广

1. 社区教育课程资源的建设

（1）制定课程指导大纲与资源建设标准。2007年，市学指中心制定并发布全国第一个省级社区教育课程体系；2016年又发布新版《上海社区教育课程分类体系》，将社区教育课程分为公民教育、文化素养、艺术修养、健康教育、实用技能、体育健身6系列45类369种；2010年，联合各区社区学院，精选100门课程，出版了

《上海社区教育课程指导性大纲》；2012 年，发布《上海市社区教育课程建设标准》和《上海市社区教育教学资源建设标准》，对全市的社区教育课程与资源建设起到了示范和指导作用。

（2）建设丰富多样的学习资源。市教委高度重视社区教育的课程和资源建设，探索出多样的资源建设方式：① 自建：市学指中心编写出版 60 本社区教育系列教材，《家和万事兴》《今天如何做长者》《今天如何做家长》等教材引起了广泛的社会关注。② 共建：市学指办联合八大体验基地与区级社区学院共同研发 30 门具有影响力的社区教育体验式课程，与区级社区学院共建资源达 500 多个，与高校共建资源涉及 58 门课程。③ 转化：连续六年组织社区教育特色课程和优秀教学资源评比，产生 436 门示范性优质课程，经升级改造转化为市级推荐课程和资源。④ 集聚：近三年，共汇聚了 985 堂微课，597 个高清视频、课件。在全国社区教育微课评比中，上海获奖数量持续领先。同时，上海各区社区学院、社区学校大力开展社区教育资源建设，2013 年到 2016 年间，累计建设各类学习资源 84 502 个。

2. 社区教育课程资源的配送

在全国首创"线上线下、互联互通"的终身教育资源配送体系，形成全覆盖、跨时空、便捷化的优质资源集成配给机制，列入上海市教育综合改革项目。从 2014 年底至今，已向全市 439 家终身教育机构，包括市区两级老年大学及分校、区级社区学院、区职成教科、区老年小组办、街镇社区学校以及全市 100 多家养教结合点，共计配送各类终身教育资源 168 种，将近 35 万个。

3. 社区教育课程资源的应用

通过多管齐下，保障社区教育课程资源的高效使用。首先，通过书展、报纸、期刊、微信、网络等渠道进行宣传推广，扩大课程资源的覆盖面与知晓度，同时延伸建设相应的微课，以方便广大市民进行手机端的学习，扩大资源的应用面；其次，结合资源配送成立"社区教育志愿者讲师团"，在全市范围内进行巡讲，对资源的使用方式进行示范讲解，帮助社区教师掌握方法，向社区学员进行传播，提高资源使用率；最后，借助课程资源推动相关的课程班建设，弥补社区院校课程资源匮乏的状况，保障课程资源的有效供给，丰富学员的选择机会。

（五）教育对象的精准服务

上海社区教育已基本实现对各类人群的全覆盖，形成了集多项功能于一身的社区教育服务网络，为不同人群提供差异化的教育服务，积极满足市民多元的终身学习需求，使社会成员的才能与价值得到全面发展。

1. 大力发展社区老年教育

随着上海深度老龄化社会的到来，社区老年教育得到了越来越多的重视，各地在充分利用社区教育资源的基础上，积极为老年人创造良好的学习条件，通过"老年学习苑""老年学习社团""老年人学习网"等平台拓展老年教育空间，开展适合老年人特点的教育和活动。上海开放大学持续 20 年建设上海远程老年大学平台，在全市拥有 5 650 个居村远程学习点，有 60 万名注册老年学员。建设上海老年人学习网，有保健、法律、德育、家政、休闲等多类课程，访问量达到 281 万人次。全市各区依据《上海市多元社会主体参与老年教育认可标准》，选择有一定特色、符合市民学习需求的社会资源，培育老年教育社会学习点。目前，全市培育的老年教育社会学习点达到 4 769 个。

2. 积极开展青少年校外教育

通过不同形式开展青少年喜闻乐见的知识讲座、科普培训和兴趣小组活动等，丰富青少年校外生活。组织社区实践活动，为青少年健康成长提供良好的实践平台和社区环境，延伸学校德育空间。徐汇区为深入培养学生的社会责任感、创新精神、实践能力，在全区 13 个街镇全面铺开学生社区实践指导站建设工作。各学生社区实践指导站，为学生提供社会实践的场所，让未成年人在实践中体验、感悟、内化道德情感。上海开放大学连续三年承担上海市青少年校外教育工作者培训的任务，对青少年校外活动基地工作人员进行专业培训，帮助他们了解教育综合改革内容、掌握学生社会实践写实评价的方法，累计培训人数逾 3 000 人次。

3. 全面开展在岗人员培训

为服务上海建设具有全球影响力的科技创新中心对人力资源开发提出的新要求，进一步优化人力资源结构，提升整体创新能力，2016 年上海市教委携手市总工会启动"百万在岗人员学力提升行动计划"。计划到 2020 年，本市将推进 100 万名在岗人员完成相应的理论知识学习和职业技能、职业资格培训，获得相应的高等学历教育学分；本市各级劳动模范获得者基本达到本科学历。2017 年，该计划的系列活动之一"名师巡讲"完成了 900 场，覆盖人群逾 4.5 万人次。

4. 有效开展外来务工人员培训

保障外来务工人员参与教育的权利与机会，通过组织教育培训和学习交流，帮助其掌握就业技能、提升学历层次、培养现代化的生活方式，增强社区归属感和认同感，争取早日适应城市生活。上海市进城务工人员技能文化培训工作已累计培训人员近 20 万人次，建设了包括进城教育、技能培训和学历提升三方面的 26 册读本以及配套的 500 堂微课，依托上海开放大学分校系统、各区（行业）职业培训机构、中等职业学校，在进城务工人员分布较集中的地区打造了 100 个培训基地，重点扶持建设了 19 个培训示范点。

5. 重视农村居民的教育培训

郊区农村社区教育工作进一步深入，新型农民培训得到了大力推进，通过政策研究、课题研讨、交流合作等形式，积极探索新型职业农民培育的管理办法、扶持政策和培训模式等。上海开放大学新农村建设学院以浦东农校、金山农校、闵一分校、青浦分校和奉贤分校 5 家分校为培训实施主体，开展新型职业农民培训。青浦区通过"科技入户""院园合作""基地示范"等形式，开展"3+X"新型职业农民培训、"1+1"复合式新型职业农民实用技术培训等，并积极探索"互联网+农业"新型经营模式，帮助农民掌握新技术，实现增收。

（六）学习方式与教学模式

1. 探索灵活多样的学习方式

（1）课堂学习。课程班级是实施社区教育的重要载体，课堂学习是社区学习的重要方式。根据开课的规模来看，最受欢迎的课程是音乐、舞蹈、戏剧类。2016 年，社区教育教学机构开设的课程班级数有 61 835 个，参与学习的人数超过 335 万。

（2）体验学习。2013 年 6 月，上海市教委整合高校、行业、各区的公共文化教育资源，创建了八大市民终身学习体验基地，将传统参观、动手操作、沉浸体验与课程教育相融合。至今，八大体验基地已下设体验站点 124 个，开发体验项目 414 项。每年参与体验基地体验活动的总人数超过 150 万人次。

（3）团队学习。市民通过自发地组织各类学习团队进行学习，极大地丰富了社区教育的学习形式和内容，团队学习满足了不同人群的学习需求，有效推进了学习型组织的建设。2016 年，全市各类学习团队总数达 29 901 个，有 83 万居民参与。此外，还探索建立了"网上学习团队"。

（4）活动学习。活动学习的组织相对灵活，通过观看与参与，市民的精神文化品位在潜移默化中得到提高。上海市培育了一批标志性的品牌学习活动，如全民终身学习活动周、上海诗歌节、上海读书节、上海诵读节、学习团队展示活动、中华优秀传统文化进社区等活动。2016 年，全市共组织各类社区学习活动 3 371 次，参与人数达到 663 万人次。

2. 形成独具特色的教学模式

社区教育面向全体市民，学习群体呈现"结构复杂、需求多元、选择自主"的特点，社区教育遵循"因需施教、因材施教、因地施教"的教育理念，在实施机构、教学组织、师资结构、教学形式、课程体系、教学场地、招生形式等方面的实践中，逐渐形成了自己的特色模式。

社区教育教学模式

实施机构
办学系统+在线平台+体验基地+社会学习点

课程体系
形成 6大系列45类369门的课程体系，适需更新

师资结构
专职教师+兼职教师+社区教育志愿者

教学组织
以课程为单位组织教学，弹性灵活，无专业限制

以学习者为中心

教学形式
课堂教学、网上教学、体验式教学、沉浸式教学、混合式教学等多种形式结合

教学场地
教室，体验基地，楼宇，职工工作场所，社会学习点，宅基课堂

招生形式
无门槛入学，课程注册，学费凸显公益性

（七）信息平台的开放共享

1. 市区联合建设数字化学习平台

数字化学习平台是支持市民开展数字化学习的环境基础。2009年，上海市教委委托上海远程教育集团（现上海开放大学）开发"上海学习网"，为广大市民提供课程超市服务、学习资源服务、学习搜索服务、学习地图服务、互动学堂服务、学习档案服务、学习激励服务、远程支持服务等八类学习服务。目前，"上海学习网"拥有在线课程逾 28 000 堂、各类电子图书 7 万多册，注册人数达300 万，点击量突破 2.1 亿次，提升了终身学习资源的使用效能。目前，全市各区均有自己的学习网站，以信息技术为依托的社区数字化学习，有效拓展了社区学习空间。

2. 多途径汇聚数字化学习资源

数字化学习资源是人们进行数字化学习的重要元素。近年来，上海加大数字化学习资源的开发力度，根据发展需要，各级教育部门通过自建、共享、购买等方法拓展资源，资源类型主要包括视频、PPT 教程、电子书、微课等。为提高资源使用率，避免重复建设，上海不断加强资源展示与资源共享。2008 年以来，上海连续开展数字化学习资源评比活动，并借助上海学习网进行展示和共享。

3. 组织丰富的数字化学习活动

在推动市民参与数字化学习方面，上海通过组织网上主题学习活动，吸引广大市民参与其中。2011 年以来，连续举办 7 届"上海社区网上读书活动"，每届活动主题都与时俱进，反映时代特征。2009 年开展"百万市民学环保"培训活动，组织市民网上学习和答题。2010 年开展世博知识培训活动，在各区学习网站上开设专门的世博知识培训和考核平台。2013 年至 2015 年，开展"建智慧城市，做智慧市民"活动，完成信息化培训 101.4 万人次。近年来，上海学习网及各区网站，采取线上学习与线下学习互动的方法，拓展了数字化学习人群，提高了学习人数。

三、新时代上海社区教育的新使命

近年来，上海社区教育事业持续发展，社区教育服务能力与水平不断提升，与此同时，我们必须清醒地看到，当前的工作还面临着严峻的挑战。

（一）面临的新挑战

1. 城市的急剧变迁不断向社区教育工作者提出亟待解决的新课题

上海正在大力建设国际经济、金融、贸易、航运中心，加快建设具有全球影响力的科技创新中心，努力建成社会主义现代化国际大都市，积极建设具有国际影响力的学习型城市，着力打造令人向往的创新之城、人文之城、生态之城，这为上海社区教育的发展提供了有利的宏观背景和发展机遇。另一方面，上海也面临着城市深度老龄化的社会问题，充分发挥社区教育在弘扬社会主义核心价值观、推动社会治理体系建设、传承中华优秀传统文化、形成科学文明生活消费方式、服务人的全面发展等方面的作用，尤其是大力提高市民素质成为新时代赋予社区教育工作者的重要命题。

2. 系列规划意见确定的目标任务驱使社区教育转向新的发展思路

《教育部等九部门关于进一步推进社区教育发展的意见》明确了发展社区教育的总体目标，从加强基础能力建设、整合社区教育资源、丰富内容和形式、提高服务重点人群的能力、提升社区教育内涵等五方面进行了工作部署。上海认真学习，贯彻落实，印发《上海市教委等七部门关于进一步推进本市学习型社会建设的若干意见》《上海终身教育发展"十三五"规划》《上海市教育改革和发展"十三五"规划》等文件，对社区教育工作进行重点规划、细致部署。上述系列规划意见的印发，为新时代上海社区教育的发展指明了方向、明确了任务、提供了战略机遇期，激励我们以此为契机，推动上海社区教育工作迈入新阶段。

3. 社区教育发展程度的不平衡、 不充分制约着其整体水平的跨越

由于各区经济社会文化发展基础不同，社区教育在全市各区间的发展程度差异较大。当前，上海社区教育发展的不平衡主要表现在以下四个方面：1. 政府部门重视程度的不平衡；2. 经费投入水平的不平衡；3. 教育内容结构的不平衡；4. 市民参与状况的不平衡等。上海社区教育发展的不充分主要表现在以下四个方面：1. 各级各类教育机构间的融合度不够；2. 教育资源的整合度不强；3. 市民终身学习的保障度不高；4. 市民对学习成果的感知度不足。这些不平衡、不充分的因素已成为制约上海社区教育整体水平提升的短板，反映出上海社区教育发展的基础需要进一步巩固。

4. 市民终身学习更加关注学习内容的多元性与学习结果的品质性

目前，上海的社区教育事业已经进入新时代，面临着市民素质持续提升、参与群体不断扩大、学习需求更加多元、择优意识日益增强的新挑战，变化集中表现在以下四个方面：1. 从"要我学"发展为"我要学"的学习动机增强；2. 从"基本生存需要"发展为

"品质生活需要"的学习品质追求；3. 从"有学上"发展为"上好学"的学习场所选择；4. 从"老年人为主"发展为"市民共同参与"的学习主体扩大。我们要主动适应变化、寻求转型发展，根据学习者的学习特点，提供均衡、优质的教育服务，这是社会发展对社区教育提出的必然要求。

（二）承载的新使命

立足新时代，党的十九大报告提出了"办好继续教育，加快建设学习型社会，大力提高国民素质"的重要精神，"大力提高国民素质"成为新时代社区教育新使命的核心内容，我们迫切需要以"五大能力建设"来推动上海社区教育的创新转型。

1. 深化内涵，有效提升社区教育机构的综合服务能力

完善社区教育机构的职责定位。明确各级各类社区教育机构在组织协调、业务指导、资源整合、课程开发、教育示范、理论研究、平台建设等方面的职责，坚持与时俱进，根据推进社区教育工作的实际需要，及时对社区教育机构的职责进行调整和补充。

扩大社区教育资源供给。拓展社区教育服务的提供主体，统筹共享社区内的公共教育资源，扩大开放各类学校优质教育资源，支持更多具有资质的行业企业和社会培训机构参与进来。与此同时，进一步完善终身教育资源配送体系，根据需求差异，进行精准化的学习资源配送。

加强对重点群体的教育服务。关注教育公平，发挥社区教育在增加教育机会方面的作用。坚持社区教育的公益性、便民性和实用性，加强为老年人、外来务工人员、转岗待业人员、失地农民、残疾人等提供有针对性的社区教育服务，提升他们的生存技能，丰富他们的精神文化生活。

2. 内化素质，积极塑造社区教育师资的专业建设能力

加强社区教育专职教师队伍建设。构筑社区教育专职教师的专业知识和能力体系。采取各种有效方式提高专职教师的社会地位和经济待遇，确保在职务、职称、工资和进修等方面与其他教育工作者一视同仁。

加强兼职教师和志愿者队伍建设。充分调动社区内"有学者、有才者、有力者、有闲者"的积极性，充实社区教育师资库，注重在实践中培养师资。多渠道扩大社区教育志愿者队伍，引导、辅助和激励志愿者开展学习活动，充分发挥"百姓育百姓，百姓引百姓"的市民主体作用。

有效推进社区教育师资培养计划。将社区教育工作者的进修纳入培训计划，发挥三级网络的培训功能，建立社区教育工作者培训体系，推进"万名兼职教师、千名骨干教师、百名优秀教师、十大名师培养计划"，提升师资队伍的专业能力。

3. 强化机制，稳步改善社区教育平台的开放整合能力

激发各类社会组织的参与活力。社区教育是社会工程，仅依靠政府支持远远不够，必须从"单一推动"转向"多力推动"，强化企事业单位、社会团体在社区教育中的作用。建设相应的保障政策，确立进入与退出机制，形成鼓励社会力量广泛、深入参与社区教育的政策环境。

完善社区教育在线学习平台。结合智慧城市建设和"互联网+"行动计划，推动大数据、云计算、人工智能等与社区教育深度融合，加强过程管理，做好实名注册、学分计算、在线测试、质量监测等工作，建立以需求为导向的学习服务机制，通过智能化资源推荐和个性化推送的方式，改善数字化平台的用户体验。

4. 固化经验，显著增强社区教育实验的创新驱动能力

重视研究人才队伍的建设与培育。社区教育队伍中的研究力量比较薄弱，应积极吸纳相关院校相关专业的毕业生以专兼职身份参与进来。加强社区教育工作者科研能力的培养，提高理论成果对工作实践的指导水平，为创建具有上海特色的社区教育理论体系提供人才支撑。

加强先进经验的探索与积累。社区教育理论研究工作相对滞后，作为一项蓬勃向上的事业，在推进中会产生许多新问题、新现象，要坚持理论研究与基层实践创新相结合，提炼来自基层的经验智慧，产生本土化的社区教育思想文化，探索形成具有区域特色的社区教育，推动社区教育科学化发展。

注重实验成果的推广与应用。持续办好《上海社区教育》杂志，推广、借鉴各地发展社区教育的先进经验与典型案例。通过举办主题论坛、组建合作联盟、结对互助等形式，扩大系统内、区域间、国内外的交流合作、沟通对话，推动上海社区教育和学习型社会建设走向现代化、国际化。

5. 优化环境，持续形成社区教育制度的规范指引能力

推进社区教育制度化规范化发展。全面推进教育综合改革试点工作，加大综改项目的推进力度。研究制订"社区教育机构质量和管理标准、社区教育机构资质标准、从业人员资格和专业发展标准"，完善社区教育质量保障制度。探索建立涵盖各类教育的资格标准，为学习成果认定和转换提供科学依据。

落实依法治教的任务要求。加强《上海市终身教育促进条例》的执法力度，落实各级政府、各部门和社会各方面的责任，保障市民终身学习权益。根据新情况、新问题，修订完善法规相关内容，

指导本市社区教育的新发展。加强社区教育工作督政和督导，依法推进学习型社会建设。

建立终身学习监测与研究制度。推进市民终身学习需求、能力与成效监测体系建设，建立第三方评价机制，研发市民终身学习需求与能力监测题库与评估指标体系，完善终身教育的统计制度，建立常态化、系统化、科学化的数据采集分析系统和监测数据库，定期向社会公布监测报告书，促进市民学习能力的提升。

社区教育是面向广大市民的民生工程，努力办好让全市人民满意的社区教育，不断满足全市人民对美好生活的向往，需要社会方方面面的协同推进。随着上海社会经济文化的发展，社区教育必然彰显出越来越显著的社会效益，在促进人与城市可持续发展、大力提高国民素质方面发挥不可替代的价值和作用。我们要在市教委的指导下，一如既往，积极探索，努力推动上海社区教育纵深发展、跨越发展。

（本文原载于《成人教育》2018 年第 7 期）

老年教育的目的是
提高老年人生命质量

国务院办公厅印发的《老年教育发展规划（2016—2020 年）》明确提出，老年教育的目的是"提高老年人的生命和生活质量"。那么，老年教育应有一个什么样的总体框架呢？老年教育的现状又是如何呢？应如何实现"提高老年人的生命和生活质量"这样一个目的呢？

一

《管子·中匡》记载，齐桓公问："请问为身（意为如何治身）？"管子回答："道血气，以求长年（意为增长寿命）、长心（意为增长智慧）、长德（意为增长德性），此为身也。"当代哲学家李德顺提出，人有三重生命，即肉体生命（自然生命）、社会生命和精神生命。作为大自然的一种生灵，人从生到死，饮食生息，和动物也差不太多，这种有形的生命便是人的肉体生命。社会生命是指人的社会存在。每个人在家庭和社会中都扮演着各种角色，承担着各种权利和责任。每担当一个角色，就有一重社会生命。人的精神生命，就是人的思想和精神的存在。李德顺强调，用养生之术和体育锻炼来增强自己体魄的人，是在珍惜和强化自己的肉体生命；追求成就和奋斗，用业绩塑造自己形象的人，是在珍惜和强化自己的社会生命；献身于真善美的思想和品德的人，是在珍惜和强化自己的精神生命。李德顺关于三重生命的提法，接近于管子的"长年、长心、长德"。

所以，生命是集自然生命之长、社会生命之宽、精神生命之高于一体的立体构筑。自然科学的研究对应于自然生命（肉体生命），社会科学的研究对应于社会生命（伦理生命），人文科学的研究对应于精神生命（人文生命）。所以，无论是自然科学，还是社会科学，或是人文科学，其研究如果脱离了生命，那么就是没有生命力的。

具体来看，自然生命主要关注人得以存活，并且更好存活于世间的生理需求，关键词是"健康"和"寿命"。社会生命强调个体对社会的影响力以及影响范围的大小，其关键词是"贡献"和"幸福"。精神生命是人的思想和精神的存在，其关键词是"超越"和"尊严"。

与"三重生命"相对应，老年教育应包括"三种教育"，即"生存教育""生活教育"和"生死教育"，以达到"提高老年人的生命和生活质量"的目的。由此，老年教育的总体框架可以这样搭建：一是开展老年生存教育，以提高老年人的自然生命质量。老年生存教育类课程向老年人提供一系列的科学养生保健方法和实用知识，包括健康饮食、合理运动、有质量的睡眠等方面的课程。二是开展老年生活教育，以提高老年人的社会生命质量。老年生活教育类课程以老年幸福生活的获得和社会生命质量的提高为目标，主要关注老年人在退休后如何稳妥地适应社会角色转变、重建社会关系、转变生活方式、提高生活品质，以及如何老有所为等。三是开展老年生死教育，以提高老年人的精神生命质量。老年生死教育类课程以提升生命的精神高度为目标，围绕老年人"有质量地活，有尊严地死"的主题，包括人的价值观、自我意识、哲学、艺术思维、心境和心态，以及"尊严死"等内容。

二

根据上海市学习型社会建设服务指导中心办公室关于 2019 年秋季上海市老年教育课程的统计数据，上海市各级各类老年教育办学机构在 2019 年秋季共开设 6 627 门课程，课程涵盖了老年心理、思政教育、实用技能、文学素养、艺术修养、健康保健六大类。

上海市 2019 年秋季老年教育课程统计表			
序　　号	课 程 类 别	课程数量	百分比
1	老年心理	17	0.30%
2	思政教育	33	0.50%
3	实用技能	950	14.30%
4	文学素养	337	5.10%
5	艺术修养	4 321	65.20%
6	健康保健	969	14.60%
合　　计		6 627	100.0%

基于"三重生命"的视角，上海市 2019 年秋季开设的老年教育课程的分布态势可以清晰地显示出来。

1. 老年生存教育课程占比近三成

在上海市 2019 年秋季 6 627 门老年教育课程中，提高老年人自然生命质量的生存教育课程，主要包括健康保健和实用技能两大类，分别占 14.6% 和 14.3%。健康保健类课程主要有《经络养生保健》《太极拳》《食品营养与膳食》《中医养生》《常见病预防保健》《刮痧》《推拿按摩》等。实用技能类课程主要有《中式点心制作》《西式点心制作》《健康饮食》《烹饪》《健康生活》《电脑基础》《智能手机操作》《网络应用》《英语》等。

2. 老年生活教育课程占比近七成

在上海市 2019 年秋季 6 627 门老年教育课程中，提高老年人社会生命质量的生活教育课程，包括艺术修养类和文学素养类的绝大部分课程，分别占 65.2% 和 5.1%。

通过对 2019 年上海市秋季三级老年教育机构开设课程的分别统计，可以发现，艺术修养类和文学素养类课程在三级老年教育机构当中都开设了。以钢琴课为例，上海市市级老年大学开设了 70 个班级，上海市 16 个区级老年大学开设了 368 个班级，街道老年学校开设了 392 个班级。

2019 年上海市秋季三级老年教育机构开设课程比对表			
序号	课程名称	街道老年学校	区级老年大学	市级老年大学
1	钢琴	392	368	70
2	声乐基础	216	194	47
3	民族舞	208	66	24

序号	课程名称	街道老年学校	区级老年大学	市级老年大学
4	瑜伽	168	54	8
5	合唱	127	28	2
6	沪剧	118	36	2
7	毛笔书法	118	46	3
8	时装表演	118	60	19
9	摄影	117	76	16

3. 老年生死教育课程屈指可数

分析 2019 年秋季上海市老年教育课程的统计报表，我们发现，在 6 627 门课程中，提高老年人精神生命质量的生死教育课程，包括老年心理、个别艺术修养和文学素养类课程在内，只有 12 门。

2019 年秋季上海市老年生死教育课程统计表		
序号	课　程　类　别	班　级　名　称
1	健康生活	读书与老年生活
2	生活中的心理学	生活中的心理学
3	地方特色文化	活出老年精彩人生
4	中老年人心理健康	老年心理健康——解码心灵幸福生活
5	中老年人心理健康	生活中的沟通技巧

序号	课　程　类　别	班　级　名　称
6	中老年人心理健康	生活中的心理学
7	国学基础	生命画卷——诗歌中的生命价值（三）
8	国学基础	岁月留痕——回忆录撰写指导（一）
9	生活中的心理学	心理调适
10	中老年人心理健康	心灵花园
11	中老年人心理健康	幸福心理学讲座
12	中老年人心理健康	中老年人心理健康

　　通过以上数据分析，可以发现，目前老年教育课程主要满足老年人的生存需求和生活需求，包括休闲娱乐、生活保健和兴趣爱好等内容，而对提升老年人精神生命质量的更高层次的课程则比较缺乏。其实，在基本需求得到满足后，更高层次的学习需求将成为部分老年群体追求的目标，比如心理发展、心灵养护、生命圆融和人文关怀的需求等，这就需要老年大学设置一些引导性课程，以满足部分老年学员的深层次学习需求。

三

　　针对老年教育发展中的问题，特别是提升精神生命质量的课程比较缺乏的问题，建议从创新理念、建设课程、培训师资、研判需求、增强使命五个方面来应对。

1. 确立老年教育就是老年生命教育的理念

如果"老年教育就是老年生命教育"的理念能成为共识的话，那么就可以按照"老年生存教育""老年生活教育"和"老年生死教育"三大板块来安排老年教育课程。现有的健康保健和实用技能课程可归入"老年生存教育"板块，现有的大部分艺术修养和文学素养课程可归入"老年生活教育"板块，现有的老年心理和思政教育课程，以及少部分艺术修养和文学素养课程可归入"老年生死教育"板块。

《管子·内业》说："凡人之生也，必以平正。所以失之，必以喜怒忧患。是故止怒莫若诗，去忧莫若乐，节乐莫若礼，守礼莫若敬，守敬莫若静。内静外敬，能反（返）其性，性将大定。"大意是，人生下来就是和谐平正的，之所以会失掉和谐平正，是因为喜怒忧患。所以，要制止愤怒，什么都比不上读诗；消除忧愁，什么都比不上音乐。当然，过度了也不好。因此，通过礼节来制乐，通过敬畏来守礼，而只有虚静才能产生敬畏之心。内心虚静，外表敬畏，就能回归人的本性（人的本性就是"静"），而且这种"静"的本性还能稳定下来。由此，所谓"提高老年人的生命和生活质量"，就是指通过推行老年教育（即"老年生存教育""老年生活教育"和"老年生死教育"）后所达到的状态，这一状态就是"内静外敬，能反（返）其性，性将大定"。

2. 加强专门的老年生命教育引导性课程建设

现有的一些老年教育课程只是介绍与老年人生活、兴趣相关的内容，直接触及老年人心灵深处的内容较少。从社会发展的角度讲，中国如今已进入老龄化社会，实现健康老龄化、积极老龄化、快乐老龄化，从根本上讲是要提升老年人的生命质量，提高老年人对生命的认识。因此，老年教育机构要建设提升老年人生命质量（特别是老年人精神生命质量）的课程与教材。

如今老年人的需求已不再停留于单纯的休闲娱乐，他们在心理、精神上的需求显得日益重要，因此，老年教育要逐渐由"欢娱型"教育转向"引导型"教育，对老年人的思想观念、价值理性、生命意义等进行关怀和引导。上海市静安区以上海市社区教育特色品牌"乐龄讲坛"为载体，在2014年率先开设"感悟生命"系列讲座，将人生意义的理解、生命价值的认识与社会正能量的传播等渗透于形式多样、内容丰富的公益讲座，用这种方式去滋润和养护老年人的精神与心灵。同时，上海市静安区社区学院组织师资，先后开设了数门老年生命教育专题课程，传播生命教育思想。《心理与养生》课程从提升生命质量入手，介绍老年学员常见的心理问题；《如何做快乐长者》课程以案例讨论方式，探讨去除悲伤、迎来快乐的方法；《岁月留痕——回忆录撰写指导》课程教授学员记录人生经历，反映时代变迁；《生命画卷——诗歌中的生命价值》课程探讨"笑对死亡"的话题，使学员从不接受到逐渐接受，再到坦然面对死亡。上海市老年大学则在老年生命教育的课程建设方面起到了引领示范作用。2019年春季，上海市老年大学开设了《生命教育》课程，教学内容涵盖了生命教育总论、老年人生活规划、老年人常见心理问题、老年个性与优化、人生与社会、人生与家庭、人生与命运、人生与学习、人生与快乐、人生与欣赏、人生与回忆、人生与追求等内容。

3. 对老年教育师资队伍进行生命教育的培训

组建高质量的师资队伍是提高老年教育实效、实现老年教育使命的关键。鉴于老年教育现有的师资情况，培育专业的生命教育师资势在必行。尽管这是一项长期而艰巨的任务，但对老年教育的健康发展将起到关键性的作用，这是老年教育专业化发展不可或缺的中坚力量，所以必须花大力气去抓。

短期内比较有效的做法是加强对老年教育教师的培训，即对现有老年教育教师进行生命教育的培训。首先要让教师树立生命教育的理念，使广大教师认识到，教育过程就是对老年学员生命的关怀，学习过程就是一种享受生命的过程，教育的最终目的是提升老年人的生存质量、生活质量和生命质量，将生命教育自然融入各专业课程的教学内容和活动之中。

4. 加强对老年群体的学习需求研判

个体进入老年阶段，自身的生理、心理以及事业、家庭、社会各方面都发生了很大的变化。很多老年人开始感觉到孤独、失落，甚至有些老年人还面临着消极情绪的困扰，很难健康快乐地生活。因此，老年教育机构要定期开展老年人学习需求调查，掌握老年人新的需求，制定应对的措施，对老年人进行生命教育，帮助老年人面对现实，使他们在加强身体保健的同时，也能在心理及精神上获得解放，在生命的最后一个阶段也能生活得有意义、有价值。

5. 增强老年人服务社会的使命意识

老年教育工作者要始终将生命教育观念贯彻在实践中，引导老年人通过学习，深刻地认识到生命的价值，树立服务社会的人生使命，体悟生命的意义；要促使老年人充分发挥自我价值，从个体、家庭和社会三个层面，承担起老年人对自我、家庭和社会的责任，"老有所为"，积极参与社会活动，做风范长者，树长者风范，传播正能量。

（2020）

我的养生和养心观

——关于提升自身免疫力的五点想法

我一直强调"以科学武装头脑，以人文养护心灵"，并认为养生与养心是密不可分的。养生与养心做好了，自身免疫力自然就提升了。那么应如何操作呢？我结合自身的实践，谈五点想法，可以用"45678"来概括。

1. 4 个字：确保睡眠。 一般情况下，我晚上 10: 30 上床睡觉，早晨 6: 30 起床，真正睡眠时间超过 7.5 小时。早晨醒来后，不要急着起床，起床动作要慢一点。我中午一般在办公室的长沙发上平躺 30 分钟（12: 45—13: 15），午睡睡眠时间约为 15 分钟。午睡睡眠时间不宜过长，但要尽量确保。晚上睡眠加上午睡，整个睡眠时间接近 8 小时。我的体会是，睡眠是天大的事，因为睡不好觉，第二日就浑身难受，不仅做事情无精打采，甚至连吃饭都不香；如果中午没有午睡，下午就头昏脑涨，无法集中精神。这接近 8 小时的睡眠时间是养生和养心的根本，是提升自身免疫力的关键，所以我把确保睡眠摆在第一位。2011 年辞世（时年 33 岁）的海归博士于娟曾这样反思："我平时的习惯是晚睡。其实晚睡在我这个年纪不算什么大事，我认识的所有人都晚睡，身体都不错，但是晚睡的确非常不好。回想十年来，自从没有了本科宿舍的熄灯管束（其实那个时候我也经常晚睡），我基本上没有 12 点之前睡过。学习、考研是堂而皇之的理由，与此同时，聊天、网聊、蹦迪、K歌、保龄球等填充了每个夜晚。厉害的时候熬通宵，平时的早睡也基本上在夜里1点前。后来我生了癌症。"

中央保健局原局长王敏清就十分重视睡眠。他讲过一个故事："'文革'中，我被关在了一个不足十平方米的小屋。我印象最深的是屋内墙上挂的一座旧式闹钟。这座钟每半小时打一响，而且几点钟打几下，夜里12点就响12下，这可害苦了我。晚上睡不好（那时不可能有安眠药），次日仍然要被批斗、做体力劳动。由于气愤和失眠，几天后，我就整天昏昏沉沉，眼看自己的身体要垮了，怎么办？只有一条路，靠自己心理平衡来解决。""我想，我一定要尽可能地保重自己的身体，顽强地、健康地活下去。挂钟的响声是烦人，但总比戏院中锣鼓的声音小多了，为什么有人能在戏院中熟睡呢？因此得出结论：人困了，自然要睡觉，这是自然规律（想不睡都不行）。外界有响声不是影响入睡的主要原因，只要自己不烦躁、不起急、不自我折腾，保持心境平静，便可以自然入睡。于是，晚上我对钟声抱以无所谓的态度，心中平静，听其自然。其结果还真灵！后来，钟响对于我的睡眠几乎没有影响，就这样，我的失眠问题解决了。"

王敏清的具体做法是，精打细算地安排睡眠时间。"遇着睡眠不足的情况时，往往次日想方设法补回来，反正不能欠睡眠的账。每当我饥困交加时，总是首先选择睡觉。""为了保证睡眠良好，我力争生活规律，白天增加体力活动、不喝茶、睡前少用脑，并尽量使心情平静，不自我烦躁。只在必要时偶尔服用少量镇静、安眠药。"

中国保健协会副理事长吴大真也讲过一个关于睡眠的故事：某

一天她在广州出差，"回北京当晚正赶上雷暴天气，8 点的飞机一直拖到晚上 11 点，最终通知我们机场关闭。随后，航空公司把我们送到一个宾馆，我跟一名女孩同住一个房间。等拿到钥匙进了房间，我一看，都 12 点半了，一般来说，早上五六点左右基本就会集合去机场，所以我就直接往床上一躺，准备睡觉。可女孩却说：'奶奶，我听人说你还是个大夫呢，怎么这么不讲卫生呢？'她还一边掀开自己的被子，说：'您看，这还有头发呢，太脏了，怎么睡啊！'我的睡眠很好，而且生物钟特别有规律，该睡觉的时候倒下就睡，该醒的时候也能自动起床。早上 5 点，我醒来，一睁眼，看着女孩正睁大眼睛看着我，说：'奶奶，我这一晚上都没睡着觉'"。

通过这个故事，吴大真告诉我们 3 句话："第一句叫随遇而安，就是处在任何环境都能适应并感到满足；第二句话叫眼不见为净，这不是唯心主义，而是一种平和的心态；第三句话叫眼不见心不烦，说的是该怎么样就怎么样。"正所谓"药补不如食补，食补不如睡补"。养生最重要的是养心态，要有一种"随遇而安、随地而安、随时而安"的平心静气。

2. 5 个字：多喝白开水。 一般情况下，我早晨起床的第一件事是喝一杯白开水。白天在办公室我只喝白开水，午睡起来后也喝五六口白开水。原则上不喝咖啡，不喝饮料，也不喝茶。晚上在家里也喝白开水，不喝酒（包括啤酒）。

斯洛伐克有句谚语："纯水是世界上第一重要的药品。"它能保证身体细胞、组织、器官的活性和功能，维系着我们的生命，所以水被誉为"百药之王"。世界卫生组织推荐，每人每日总摄水量应为 2 500 毫升。因喝水占人体水来源比重最大，调节饮水摄入量能够显著改善身心状况。根据《生命时报》一篇文章的介绍，多喝白开水，有助于精神创造力提升。美国《人类神经科学前沿》刊载的一篇文章显示，如果你能在 30 天内只喝白开水，大脑反应就会加速。因为大脑需要氧气才能运转更快，而水是供氧的最重要因素。研究结果证实，每天喝水 8—10 杯可以令认知能力提升 30%。多喝白开水，使人看起来更年轻。英国《每日邮报》上刊登一篇文章，描述了一位 42 岁母亲的真实经历。她通过连喝 30 天白开水的方法，解决了长期存在的头痛和消化不良等问题。喝水可以减缓老化过程，同样年纪，爱喝水的人，皮肤弹性更好。多喝白开水，心脑血管更健康。一项为期 6 年的研究（成果刊载于《美国流行病学期刊》）发现，相比每天喝水少于 2 杯的人，那些每天喝 5 杯水以上的人死于心脏病的可能性要低 41%。这是因为，水进入人体后，经过 20 秒就能到达血液，使血液黏度降低，这会对高血压和一系列代谢疾病的症状起到缓解作用。多喝白开水，加速新陈代谢。据美国《健康健身革命》发表的一项研究结果，早上起床后，饮用大约 500 毫升的水，新陈代谢速度就会提高 24%。如果你 30 天只喝白开水，身体就能将有害毒素和废物尽可能多地从重要器官排出，还能帮助减少腹部脂肪。多喝白开水，提高抗病能力。由于水参与整个身体循环，饮用足量的水能够有效支撑肝脏和肾脏功能，排出有毒物质，总体上就提高了身体抗病能力。

那么，应如何健康饮水呢？北京保护健康协会健康饮用水专业委员会会长赵飞虹总结了一套健康饮水"三字经"。一是"尿色变，留心看"。人体缺水会出现一些症状，尿色加深就是一个信号。一般来说，尿液呈淡黄色或浅黄色时，应补充 100—200 毫升的水；尿液呈深黄色时，亟须补水 500 毫升；如果尿液颜色过浓且尿量明显减少，就必须及时到医院就诊。二是"勤补充，分时段"。据研究，我们每天 2 500 毫升的摄水量中，必须保证有 1 600 毫升白开水，其余水分可适当从其他食物中获取。正确的方法是勤喝水，每次两三口，不要等到渴了再喝。此外，每天还要重点把握三个喝水时段：早起一杯水（约 200—300 毫升），睡前一小时一杯水，餐前一杯水。三是"抛软饮，弃酒杯"。很多饮料富含糖分，软饮料导致的疾病致死致残比例每年都在上升；过度饮酒易伤身，浓咖啡、浓茶刺激神经，让人难以入眠。四是"凉白开，最划算"。目前市场上饮料种类繁多，很多人忽视了喝白开水。白开水是目前公认的最符合人体需要的饮用水，也是最经济的健康饮品。

3. 6 个字：读书、思考、写作。 我的大部分业余时间都用来读书、思考、写作。除了读专业书，也读杂书。在一段时间内，我会根据自己相关的阅读和阅历，集中思考某一问题。思考比较成熟后，就写一点东西（以随感为主，我讲课中自由发挥的部分，主要来自这些随感）。

爱读书的人更长寿。美国耶鲁大学曾开展一项研究，研究人员对 3 635 名年龄至少为 50 岁的参试者进行了为期 12 年的跟踪调查。参试者参加了一项健康研究，但同时接受了一项有关自身阅读习惯的问卷调查。研究人员将参试者分为三组：从不读书组、每周读书 3.5 小时组和每周读书时间更长组。结果发现，与从来不读书的人相比，每周读书 3.5 小时（即每天读书半小时）的人，平均寿命延长近两年（23 个月）；每周读书时间超过 3.5 小时的人，早亡风险降低 23%。研究还显示，阅读报纸杂志也可以增寿，但是其效果没有读书的增寿效果明显。该研究项目负责人贝卡·利维教授还表示，每天读书半小时的人，生存优势也明显超过那些从来不读书的人，他们在适应环境、心理调适能力等方面往往表现得更好。研究建议，人们应该将读书作为持续一生的生活方式。

深度思考是较好的养生方式。2012 年诺贝尔生理学或医学奖获得者、日本京都大学 IPS 细胞研究所所长山中伸弥曾在《自然》杂志发表研究成果称：深度思考是最好的养生方式。山中伸弥教授认为，大脑是身体每一机能的指挥中心，如果脑细胞充分活跃，必须有足够的能量和养分供给，身体机能会自动调动身体各部位可余能量向大脑集中，习惯性深度思考能有效缓解脂肪的局部富集。2014 年诺贝尔生理学或医学奖获得者、挪威神经科学家迈-布里特·莫泽及其丈夫爱德华·莫泽也认为，近半个世纪全球平均寿命增长超越了前十个世纪，这与信息爆炸促进大脑高速运转直接相关，人类发展指数越高的国家，其国民平均寿命增长也越快。这也就解释了为什么中国科学院和工程院那些一辈子深度用脑、勤于思考的资深院士，以及复旦、交大那些一生用脑、深度思考的老教授，尽管老了，但大都精神矍铄，充满智慧。

写作也能养生。当把所思、所感、所想写成一篇文章，你就是把心中的块垒，或是担忧，或是喜悦，释放了出去，分享了出去。然后，你会如释重负，浑身轻松，惬意舒坦，这种感觉是物质性的感官刺激所无法比拟的。这个过程，既是你的精神享受过程，也是养生和养心的过程。

4. 7 个字：走路、拍照、发微信。 一般情况下，我走路上班，从家里走到单位（上海开放大学）约半小时，约 4 000 步；下班回家也是走路，也是约半小时、约 4 000 步。午饭后在校园里散步约半小时，3 000 多步。合在一起，10 000 多步。在校园散步以及上下班走路时，一旦发现优美的风景或其他有意思的东西，在确保安全的前提下，我会用手机拍照。回到办公室或回家后，我也会对照片稍加编辑，发到微信朋友圈。

常走路可以使身体更健康。1992 年，世界卫生组织指出，走路是世界上最佳运动之一，既简单易行，强身效果又好，不论男女老少，什么时候开始这项运动都不晚。美国心脏学会奠基人怀特博士也提出，从进化论角度看，步行是人类最好的运动。具体来说，走路有四大好处。一是愉悦身心。有规律的走路可以刺激大脑中的内分泌激素释放，缓解疲劳，让身体感到快乐，使精神状态良好、身体放松、精力充沛。二是活络经络。经常走路锻炼，可以疏通经络，避免因经常坐办公室而易出现的经络僵硬症状，增强人体血液循环和新陈代谢功能。三是减少疾病。走路可以增强消化腺的分泌功能，促进胃肠道的规律性蠕动，增加食欲，增强五脏六腑的弹性功能，从而减少疾病。四是减轻体重。走路不是一项剧烈的运动，不容易让身体感到疲惫，较易坚持。长期科学的步行运动可以减轻体重，使身体更加健康。

拍照有益健康。英国《每日邮报》曾援引一名摄影者的话："拍照对我相当有益，迫使我重新观察这个世界。"另一名摄影者说："它鼓励我走出家门。"还有摄影者说，看着照片回忆让人感觉愉悦。根据周思民的总结，拍照有三大好处：一是给人带来愉悦。拍照是发现美、创造美的艺术活动，法国著名艺术家罗丹说过，生活中不是缺少美，而是缺少一双发现美的眼睛。拍照能够培养并赋予你一双追索并探究美的眼睛。二是促使人主动锻炼。拍照不能闭门造车，需要在室外活动，去寻找、发现美。摄影者只要走出去就是运动，这种运动是在无意识的忘我的状态下完成的，累并快乐着，它能使你精神饱满，起到锻炼身体的作用。三是使人与大自然相融相通。摄影者在运动中不断加深对自然美、社会美、生活美的感知，从而使自己的眼界、修养、胸襟更上一个层次，既能养生，又能养心。

将拍好的照片发到微信朋友圈也有益于身心健康。英国谢菲尔德大学和兰卡斯特大学的两位教授曾开展一项研究，他们邀请了一组参与者，花费了两个月的时间观察他们的拍照行为以及参与者是如何分享照片并与他人互动的。研究发现，每日拍摄及分享照片的行为，会促使参与者加强自我护理（需要身体和精神恢复，才有气力拍摄）、社区互动（与相同兴趣的人定期互动，减少孤独感），以及挖掘回忆的潜力等，从而改善健康状态。

5. 8 个字：吃小时候吃的食物。 我 1963 年出生于绍兴嵊州金庭镇观下村，1981 年考入复旦大学国际政治系，1987 年研究生毕业，先后在复旦大学、杨浦区、上海市委组织部、上海开放大学工作，在上海的时间已远远超过在嵊州老家的时间。但我钟爱的食物还是嵊州老家的食物，如鸡汁羹、皮卷三鲜、蛋饺、糟肉、豆腐小笼包、炒年糕、麦虾汤、榨面等，因为这些食物都是我小时候吃的食物，吃习惯了就喜欢，正所谓"妈妈菜决定孩子一生的味觉"。一方水土养一方人，有个词叫"肠胃记忆"，就是指"肠胃"是小时候养成的。

曾任中央电视台《夕阳红》栏目制片人的程步在《百岁传奇——100 位百岁寿星的长寿秘诀》中说，吃惯的食物好吸收，细水长流人长寿。为什么？当我们吃进食物的时候，这些食物就好比是人体这个化工厂的原材料。针对这些原材料，我们的身体会用自身现有的催化剂与之结合，生产出合格的产品，这些合格的产品就是我们身体所需要的各种营养。这些营养被送到特定的地方，以保证我们人体各个器官的存活、工作和生长。

　　这里所说的催化剂通常认为是一种名叫酶的东西。酶有成千上万种，至今没有穷尽。酶是从哪里来的？是我们人体这个化工厂自己生产出来的。然而，每个人身体内酶的种类是不尽相同的，每个人的化工厂有着不同的消化和生产能力。有的善于消化肉，有的善于消化菜。这种能力是从哪里来的？来自遗传和从小形成的生活习惯。长期生活在内陆的西北人从来没有吃过海鲜，很多人到了沿海城市猛一吃海鲜就会腹泻，严重的还可能发烧呕吐，人们称之为高蛋白中毒。其实高蛋白不会中毒，身体出现不适是因为西北人没有吃过海鲜，身体里没有消化海鲜的酶。同样，生活在沿海的人猛一去西北，吃几天面食就大便干燥，严重的还会发烧烂嘴角，也会生病。

　　某些专家常说，要吃健康的食物，比如说要多吃新鲜蔬菜，不要吃不健康的食物，比如腌制的食品。但108岁的钟洪珠就特别爱吃霉豆腐，因为从小就吃。霉豆腐是老人下饭的好菜，也是最可口的美食。可是在很长一段时间里，发霉的豆制品是被专家们严令禁食的。因为专家们在发霉的豆制品中检测出黄曲霉菌等有害物质，黄曲霉菌被认为是导致癌症的元凶之一。可在浙江、江苏、安徽和江西的很多地区，老百姓都拿霉豆腐当家常菜，当地的癌症发病率并没有比其他地方更高。在被称为长寿之乡的日本冲绳和希腊西米，腌鱼是当地人的美食，几乎每天食用。腌肉和熏肉，也是长寿的巴基斯坦罕沙人的家常菜。

　　是百岁老人的实践正确，还是某些专家的理论正确？当然是百岁老人的实践正确。实践是检验真理的唯一标准。专家的理论同样需要经过实践的检验。其实，某些专家忽略了一个问题，那就是人的身体其实是一个化工厂，是一个巨大的、复杂的、高度智能化的化工厂。自然界的食物被人体摄入之后，只要数量得当，人体都有这个能力把它转化成有用的东西。

所以说，没有健康食品和垃圾食品之分，身体需要，吃惯了，能够消化吸收，就是有用的食品，吃了就对身体有好处。因此，吃小时候吃的食物，吃自己习惯的食物，吃自己爱吃的食物，不仅对身体健康有利，也避免了身体能量的浪费。省着点用才能细水长流，节约身体的能量，人才能长寿。

当这次新冠肺炎疫情席卷而来时，"免疫力"一词被提到了重要位置，因为新冠肺炎的预防，与自身免疫力有着密切的联系，那么应如何提升"免疫力"呢？上述五点想法，应该就是答案。

（2020）

终　　章

　　终身教育（终身学习）的精髓就是：学习学习再学习，实践实践再实践。1938 年 3 月 15 日，毛主席在抗大三大队毕业典礼上，对学员们说："社会也是学校，一切要在工作中学习。学习的书也有两种，有字的讲义是书，'无字天书'——社会上的一切也是书。所以既要读有字之书，又要读无字之书。"2016 年 4 月 26 日，习近平在知识分子、劳动模范、青年代表座谈会上就指出："梦想从学习开始，事业靠本领成就。广大青年要自觉加强学习，不断增强本领。人生的黄金时期在青年。青年时期学识基础厚实不厚实，影响甚至决定自己的一生。广大青年要如饥似渴、孜孜不倦学习，既多读有字之书，也多读无字之书，注重学习人生经验和社会知识。'纸上得来终觉浅，绝知此事要躬行。'所有知识要转化为能力，都必须躬身实践。要坚持知行合一，注重在实践中学真知、悟真谛，加强磨炼、增长本领。"为此，作者以学习《共产党人的看家本领——〈实践论〉〈矛盾论〉及其当代价值》一书的体会作为本书的终章。

《实践论》《矛盾论》是"阅历+阅读"的产物

　　由上海市社联党组成员、副巡视员陈麟辉所著的《共产党人的看家本领——〈实践论〉〈矛盾论〉及其当代价值》（上海人民出版社 2019 年 3 月版），梳理了毛泽东的哲学代表作《实践论》《矛盾论》在中国近现代社会发展中的形成背景、框架结构、思想精髓，并就这两篇经典著作产生的全面影响和当代价值展开了深入的探讨。其中有一段话我印象特别深刻："不是亲自领导了中国革命、直接指挥了中国革命战争的人，不是经历了同党内一次次错误路线、错误倾向作斗争的人是不可能写出《实践论》《矛盾论》这样杰出的论著的。"

共产党人的看家本领是马克思主义哲学，《实践论》《矛盾论》是马克思主义哲学中国化的光辉典范。《实践论》《矛盾论》首先是中国革命经验的总结，离开中国革命实践，就不可能有《实践论》《矛盾论》这样的著作。《毛泽东选集》第二版在《实践论》的题解中明确指出："在中国共产党内，曾经有一部分教条主义的同志长期拒绝中国革命的经验，否认'马克思主义不是教条而是行动的指南'这个真理，而只生吞活剥马克思主义书籍中的只言片语，去吓唬人们。还有另一部分经验主义的同志长期拘守于自身的片断经验，不了解理论对于革命实践的重要性，看不见革命的全局，虽然也是辛苦地——但却是盲目地在工作。这两类同志的错误思想，特别是教条主义思想，曾经在一九三一年至一九三四年使得中国革命受了极大的损失，而教条主义者却是披着马克思主义的外衣迷惑了广大的同志。毛泽东的《实践论》，是为着用马克思主义的认识论观点去揭露党内的教条主义和经验主义——特别是教条主义这些主观主义的错误而写的，因为重点是揭露看轻实践的教条主义这种主观主义，故题为《实践论》。"《矛盾论》的题解指出，其写作的直接原因同《实践论》一样，也是"为了同一的目的，即为了克服存在于中国共产党内的严重的教条主义思想而写的"。

没有毛泽东这样的阅历，是不可能写出《实践论》《矛盾论》这样的论著的，正如中央党校许全兴教授所说，"毛泽东同志不仅一般地参与了中国革命，而且直接领导了中国革命，指挥了中国革命战争，同党内的错误路线、错误倾向，特别是同得到第三国际和斯大林支持的王明教条主义进行了直接的斗争。中国革命的实践要求对认识与实践、矛盾的特殊性、主要矛盾和矛盾的主要方面等问题作出系统的说明，而中国革命的实践经验也为解决这些问题提供了丰富的材料"。据何长工同志在《难忘的抗大岁月》中的回忆，"为了总结土地革命时期的经验教训，特别是为了肃清王明'左'倾冒险主义及其思想上的主观主义、教条主义，毛主席曾亲自到抗大讲授《辩证法唯物论》，每周两次，每次 4 个小时，而且下午他还参加学员讨论，这样从 1937 年的 5 月，一直讲到七七事变之后，历时三个月，授课 110 多小时"。《实践论》《矛盾论》就是该讲稿中的两节。

许全兴曾比较《实践论》《矛盾论》与著名马克思主义哲学家李达所著《社会学大纲》，认为《社会学大纲》的功绩是在我国第一次比较全面地介绍了马克思主义哲学。但它的根本缺陷是没有结合中国的实际，在该书中很难找出有联系中国实际的地方（哪怕是简单举例），所以它基本上是苏联哲学教科书的翻版。这一点与李达同志在党成立后不久就离开实际的革命斗争，专门从事理论的教学和研究有关。许全兴强调："《实践论》《矛盾论》与《社会学大纲》差别产生的根本原因，不在于李达同志当时的哲学理论修养比毛泽东同志逊色，而在于李达同志没有毛泽东同志那样的革命实践。"

强调"阅历"和"经验"，并不否定"阅读"和"理论"。毛泽东十分注重读书，高度重视理论。从 1931 年底开始，毛泽东受到王明"左"倾教条主义的打击，一免军职，二免党职，三免工作，四肃影响。用毛泽东的话说："我们被孤立了，他们把我这个木菩萨浸到粪坑里，再拿出来，搞得臭得很。那时候，不但一个人也不上门，连一个鬼也不上门。我的任务是吃饭、睡觉和拉屎。"毛泽东在延安时对曾志讲："我当时就那么想，读书吧！坚持真理，坚持原则，我不怕杀头，不怕坐牢，不怕开除党籍，不怕处分，也不怕老婆离婚，一切我都不在乎，我只一心一意去多读书。" 1957年，毛泽东还非常感慨地与曾志回忆："我没有吃过洋面包，没有去过苏联，也没有留学别的国家。一些吃过洋面包的人不信任，认为山沟子里出不了马克思主义。1932 年秋开始，我没有工作，就从漳州以及其他地方搜集来的书籍中，把有关马恩列斯的书通通找了出来，不全不够的就向一些同志借。我就埋头读马列著作，差不多整天看，读了这本，又看那本，有时还交替着看，扎扎实实下功夫，硬是读了两年书。后来写的《实践论》《矛盾论》，就是在这两年读马列著作中形成的。"毛泽东利用受难的时间读了许多马列著作，并以此总结了革命的经验，写出了马克思主义中国化的经典著作。这山沟里出的马克思主义，成功地指导中国革命走向了胜利。

所以，《实践论》《矛盾论》是"阅历+阅读"、革命实践与马克思主义相结合的产物。今天，我们须投入社会主义现代化建设的伟大实践中，以丰富自己的阅历，并要进行大量的阅读，这样才能掌握马克思主义哲学这一共产党人的看家本领。用苏东坡的诗来表达，就是"粗缯大布裹生涯，腹有诗书气自华"；用党的十九届四中全会通过的《决定》的话语来概括，就是"思想淬炼、政治历练、实践锻炼、专业训练"。

（2020）

后　记

从 2013 年调任上海开放大学副校长后，我所从事的是终身教育工作，2018 年兼任上海市终身教育研究会会长。我边工作，边学习，边总结，尤其是结合工作对家庭教育、学校教育（特别是思政教育）、社会教育（特别是干部教育）等进行了深入研究，留下了几十篇关于终身教育实践和思考的文章。经过选择、分类和整理，编成了这本书。

《上治下治，向上向善——王羲之、金庭王氏及其家训》一文主要参考了金向银先生、金午江先生所编著的《王羲之金庭岁月》（方志出版社 2010 年版），在此表示衷心感谢。

《理解青年一代，创新思政教育》《从优秀传统文化视角谈伟大建党精神》两文的其他两位作者为侯劭勋、王松华，《上海社区教育的发展模式研究》一文的其他三位作者为彭海虹、贾红彬、杨东，《老年教育的目的是提高老年人生命质量》一文的另外一位作者为宋其辉，他们都是我在上海开放大学的同事，我们之间的合作很愉快。

感恩上海开放大学这个平台，它让我有机会接触终身教育工作的方方面面，在完成工作的同时还改造了自己的主观世界。莎士比亚戏剧《暴风雨》有句名言，凡是过往，皆为序章。我将继续努力。

王伯军

2021.12.18